向上管理的高手

できる人がやっている上司を操る仕事術　[日] 近藤悦康　著 / 吴限　译

人民邮电出版社
北　京

图书在版编目（CIP）数据

向上管理的高手 /（日）近藤悦康著 ；吴限译. --
北京 ：人民邮电出版社，2023.3
ISBN 978-7-115-60392-0

Ⅰ．①向… Ⅱ．①近… ②吴… Ⅲ．①工作方法－通
俗读物 Ⅳ．①B026-49

中国版本图书馆CIP数据核字(2022)第209040号

内 容 提 要

"入职三年了，为什么到现在我还不敢主动和领导说话""我工作也很勤奋，为什么挨的批评最多""我的业绩和他的差不多，为什么得到晋升的人是他不是我"……你有能力也很努力，但依然有上述困惑，那你很可能忽略了一件事——向上管理。

向上管理是一种新型职业观和成长思维，成为向上管理的高手，你就能和你的领导互相成就。在现代职场，只会做事不会向上管理，尤其是不会管理你和领导的关系，你就会被埋没。刷新职场存在感，得到领导的助力，从而实现快速成长，这些都需要我们具备向上管理的思维和能力。

本书颠覆了传统的管理思维，通过5个步骤、5大维度、49个知识点，教你如何掌握、运用向上管理的技巧，告别被动式的职场生活，把领导变成自己的资源，快速实现成长。

无论你是初入职场的新手，还是想突破圈层、实现个人跃迁、向前一步的职场精英，这本职场人不可或缺的工作指南都很适合你。它能帮你理解领导的想法，回应领导的期待，找到职场快速成长的路径。

◆ 著 ［日］近藤悦康
　　译 吴 限
　　责任编辑 谢 明
　　责任印制 彭志环

◆人民邮电出版社出版发行　　北京市丰台区成寿寺路 11 号
　　邮编 100164　电子邮件 315@ptpress.com.cn
　　网址 https://www.ptpress.com.cn
　　河北京平诚乾印刷有限公司印刷

◆ 开本：880×1230　1/32
　　印张：7.75　　　　　　　　2023 年 3 月第 1 版
　　字数：200 千字　　　　　　2023 年 3 月河北第 1 次印刷
　　著作权合同登记号　图字：01-2022-5750 号

定 价：59.80 元
读者服务热线：（010）81055656　印装质量热线：（010）81055316
反盗版热线：（010）81055315
广告经营许可证：京东市监广登字 20170147 号

借力成长

正略集团创始人　赵民

　　管理学大师德鲁克认为："工作要想卓有成效，下属能发现并发挥上司的作用是关键。"德鲁克的话道出了向上管理的精髓。向上管理就是为了顺利完成项目、达成业绩，有意识地发动并配合上级一起工作的过程。在现代职场，只会做事不会向上管理，尤其是不会管理你和领导的关系，你就会被埋没。刷新职场存在感，得到领导的助力，从而实现快速成长，这些都需要我们具备向上管理的思维和能力。

　　在这个意义上，向上管理既是一种颠覆传统关系认知的管理思维，也是现代化社会组织体系中非常有效的管理方法。遗憾的是，我们的传统认知认为管理就是"向下管理，向上负责"。这种刻板印象和思维定式导致我们无法有效地与领导深度沟通、建立信赖关系，更无法体察领导的意图以及争取到领导的资源和支持，结果给工作和事业带来重重阻力，甚至导致自己在职场上总不如意。

其实，大量的课题研究和职场案例表明，多数人工作不顺心或者频频离职并非因为自己不够努力、做得不够好，而是根本不懂得如何正确处理上下级关系，不了解如何得到领导的支持、信赖和栽培，产生这些问题的根源就是大家对向上管理存在认知盲区，缺乏科学的方法。

现代化的管理实际包含向下（管理下属）、向上（管理上级）、水平（管理平级）、向外（管理外部关系）、向内（管理自己）五个维度。其中，与个人业绩好坏、职位升迁等核心利益息息相关的是向上管理，它决定了你在组织系统中支配资源的能力和目标的完成度。

处在现代化的组织关系网络中，面对不同的领导和上级，协调、处理好和他们之间纷繁复杂的关系既是我们必须面对的工作，也是我们必须具备的技能。如果你还在为此感到茫然无措，不妨读一读《向上管理的高手》这本书。

现代职场中，领导才是你的队友和后备力量。这本书最大的特点是颠覆了传统的管理思维，通过5个步骤、5大维度、49个知识点，教你掌握和运用向上管理的技巧，告别被动式的职场生活，把领导变成自己的成长资源，快速实现事业突破。具体而言，向上管理应从

何处着手呢？正如本书所述，向上管理的第一步一定是
"契合"。无论是领导还是下属，每个职场人都有自己的
职业愿景，所以这里的"契合"是相互的，也就是说你
要踏准领导的节拍，了解领导的目标，主动契合领导的
愿景目标，与此同时，也要让领导了解你、契合你的愿
景目标。只有互相了解、互相认同，才能结成坚强的同
盟，这是向上管理的起点。而之后的成为伙伴、借力打
力、逆向依赖和实现超越等每一步都对标了职场成长的
不同阶段，向我们展现了通过向上管理实现能力迭代的
职场通关全景。

　　不管你是初入职场的新人，还是想突破圈层、实
现个人跃迁、向前一步的职场精英，这本职场人不可或
缺的工作指南都很适合你。它能帮你"秒懂"领导的想
法，迅速回应领导的期待，找到职场成长的捷径。

　　无论之前你遭遇过怎样的困境，当下让我们再出发，向上管理领导，逆向管理人生，夯实老关系，修复坏关系，构建新关系，拿到闯关破局的地图。我们可以做生活中的"孤勇者"，但不能做组织中的"独行侠"。事业成功与否，并非单由你定，更要别人成就。

我一直认为，任何成果都要靠"自力"和"他力"获得。所谓靠"自力"就是靠自己的力量完成。而靠"他力"也包含靠领导的力量。

向上管理，让领导成为你最好的伙伴

知名管理培训专家

管理 365 创始人　张军博士

公众号"南开大熊"创始人

任何能影响自己绩效表现的人，都值得被管理。

这些人有来自组织外部的，如供应商、合作伙伴、监管机构等；也有来自内部的，如你的下级、平级，当然也包括你的上级。与这些人的相处方式、合作方式直接或间接影响着你的工作成果。

在这些影响你的人当中，最难"管理"的，莫过于你的上级了。目标由上级下达，结果由上级评价，资源由上级掌控。因此，做好向上管理是十分必要的。

管理学大师德鲁克强调，要想工作卓有成效，下属发现并发挥上级的长处是关键。这恰恰是很多下级没有关注的地方：上级的能力，上级的专长，也是你完成任务的资源。

向上管理，还要注意一个前提：懂上级。

要想做到"懂上级"，就要从两个方面去努力：领会上级的意图，理解上级的压力。要想领会上级的意图就要与上级多沟通（请示、汇报、求助），熟悉上级的决策方式。要想理解上级的压力，就要知道上级的难处和关注之事，急上级之所急，想上级之所想。

向上管理具体要管理什么？三个方面最重要：上级的痛点，上级的情绪，上级的预期。要想做好所有这些，我们在与上级沟通时，要把握五项原则，运用五个技巧，注意五个方面。

一、要把握五项原则

- 保持职业化和专业性：什么是职业化？职业化是指你的表现符合上级对你的角色期待。为什么需要专业性？因为专业性是胜任工作的基本保障。通常，你越专业，上级对你的依赖性就越强，你的职位就越稳定。

- 心态要正：下级的心态要阳光，充满正能量。你的主动会推动上级的工作，甚至会提高整个团队的效率。

- 位置要明：你再普通，也是我的上级，这是尊重；我再有本事，也要帮你完成任务，这是定位。

- 尊重和平等：对上沟通，没有虚夸的奉承，也没有不必要的谦恭。有问题该提就提，任何上级都不会喜欢拖泥带水的下级。虽然职位有高低，但人格是平等的，不能失去自我。

- 及时复命：及时向上级报告工作进展，以利于上级决策。何谓及时？频率要视上级关切程度而定，上级越关切，汇报越要及时。

二、要运用五个技巧

- 了解上级需求：上级最关注什么，他一贯的价值主张是什么，这些都是对上沟通必须了解的。站在上级角度，看待自己的工作，是对上沟通的起点。在某种程度上，我们甚至可以把上级当成客户。

- 辅助上级决策：让上级做选择题，别做填空题，最好也别做判断题。你要对多个方案进行排序，请上级决策。判断题就是只有一个方案，领导要么同意，要么不同意。同意了当然好，没有同意，就容易误事。

- 超出上级期望：始终以高标准要求自己的工作，超出上级的预期完成工作，是获得职业快速发展的有效途径。

- 提供最新信息：及时更新上级决策所需的信息，同时，养成主动收集行业信息的习惯，整理出来并与同事共享。

- 学会及时补台：上级不是每个领域的专家，上级也有不专业的时候，作为下级，要提供及时且充分的信息，以利于上级做出正确判断，有效对外界回应。

三、要注意五个方面

- 产生分歧时，不正面交锋，要迂回沟通，与上级不拼蛮力。可以与上级有不同意见，但要讲策略和技巧，不能"硬碰硬"对着干。

- 感觉委屈时，心胸开阔些，既往不咎，跟上级不要脾气。被上级批评，尤其在付出了很多努力之后，还是被上级指责，谁都难免心情郁闷，但是不要发火，否则容易激化矛盾。

- 做出成绩时，要居功不傲，衷心感谢上级的支持与帮助。有时候，下级感觉上级并没有提供什么实质性的帮助，所以就认为成绩只是自己努力的结果，这恰恰是情商低的表现。

- 遭受误解时，态度上要示弱，收敛锋芒，主动与上级沟通。主动沟通，还要注意时效性，也就是有了误解，要尽快化解。

- 请求帮助时，要理解上级，不强上级所难，要提合理要求。上级掌握的资源是有限的，站在上级的角度，先审视一下自己的诉求，再开口也不迟。

管理好自己，能走得更好。管理好上级，会走得更远。如果把现代职场理解成不断向上突破的闯关游戏，那么请记住，领导不是你的对手，而是你的队友。《向上管理的高手》这本书就提出了一种新型管理思维，从相互契合、成为伙伴、借力成长、逆向依赖和实现超越这五个维度出发，教你运用向上管理的技巧，把领导变成自己成长道路上的必备资源，快速实现能力进阶和事业突破。无论你正处于新手阶段，还是已经能够独当一面，书中都有精准对标的专业建议和实用案例，在帮助你解决现阶段最棘手的问题的同时，也清晰展现了通过向上管理实现能力迭代的职场通关全景，有助于你科学地做好职业规划和职场关系管理。

再提示大家一种思维方法，就是把领导当作客户来对待。你要做的就是契合对方的愿望，然后调整自己想法的优先顺序，使它与"客户"的经营目标完全对标。

我们为了引起领导的关注而努力工作，但这并不意味着我们需要去喜爱领导，也不意味着我们要去讨好领导。也就是说，我们的所作所为首先要符合自己的意愿才好。

前言

66 我以为自己是按照领导的指示做的，结果被告知不是。"

"我对领导说的话没有认同感。"

"领导总是硬塞给我很多难题。"

....

对于很多年轻员工来说，领导的真心话可能是让人讨厌的噪声。

没能很好地和领导沟通而让自己感到很辛苦，这是每个职场人或多或少都走过的路。这绝不是什么稀奇的事。

但是，如果对这种认识上的偏差置之不理，只是埋头继续工作，压力会增加，工作会停滞，抱怨会累积，工作的质量会下降，最终会降低自我评价，陷入恶性循环，对今后的职业生涯也有影响。

那么，怎样才能避免这种情况呢？

作为一名人事顾问，我积累了十几年的研错经验，并于 2013 年创业，成立了 Legaseed 公司。此后，凭借"祝你幸福"的企业理念，累计为 500 多家企业提供过咨询服务，并策划运营了各种研讨会和项目。

由于职业的关系，很多年轻员工和刚走出大学校园的员工都会像刚才我说的那样抱怨。每当有人来找我咨询时，我都会建议，如果只从"遵从领导的指示和命令"的角度来处理事情，那么就永远无法摆脱这种恶性循环。相反，如果能站在"向上管理"的角度与领导接触，不仅能获得领导的信赖，也能成长为一名合格的

"职场人"。

"我的经验和职位都不如领导，我不可能做到这种事。"——我也经常能听到类似的困惑的声音。

"向上管理"这个词听起来似乎有点狂傲不逊，但实际上，只要是希望干出业绩的人，或是希望享受工作的人，就会努力去做。

我一直认为，任何成果都要靠"自力"和"他力"获得。所谓靠"自力"就是靠自己的力量完成。而靠"他力"也包含靠领导的力量。虽然大家都明白不使用这种"他力"未免太可惜了，但实际上很多人并没有完全运用好。

特别是那些经验、知识、技术都还处于成长阶段的新手，更应该充分运用领导的力量。

换句话说，我们就是要在自己能力弱的时候借助领导的力量做出成果，能力强了之后就会成为领导不可或缺的伙伴，最终"超越"领导，按照自己的意愿工作。

因此，本书将介绍通过"管理"上级领导使自己快速成长、幸福工作的秘诀。

很多人会认为不应当去评价领导，或者没必要关心领导，甚至也不喜欢领导。我不否定这种想法的合理性。确实有一部分领导做事有失公平，会让员工觉得"凭什么那个人的职位比我的高"。

下页图显示了你对领导的感情和你们之间的关系。请分析一下，你属于这四种情况中的哪一种呢？

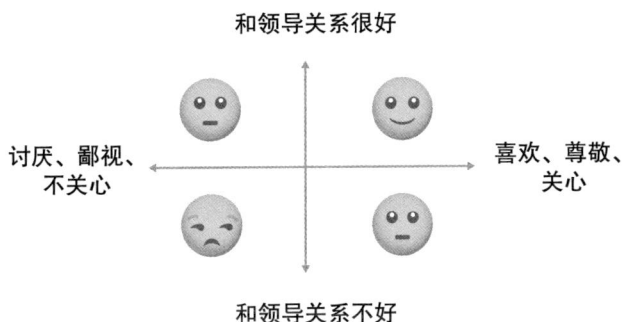

如果你希望在现在的公司取得更好的成绩，获得更高的评价，或者希望更加自由地工作，当然应该把你和领导相处模式的目标放在上图的右上角。

对于那些"无法评价领导"和"不想这样做"的人，我有以下两点建议。

（1）如果讨厌领导或者对他有抵触情绪，其实是因为你在对方身上看到了自己和他的共同点。

也就是说，你从对方身上看到了自己性格中让人讨厌的部分，或者反过来说，你嫉妒对方已经得到了自己真正想要的东西。

在这种情况下，你要做的不是去批评领导，而是应该自省，请把你与本书的缘分当作了解自己的好机会。

（2）为了你自己，请暂时保留对领导的评判。

事后回想起来，你会感叹"多亏了那个人当时对我的严格要求……"。我们对人生中的前辈表示感谢的例子也很常见。

首先，设定一个期限，试着全力以赴地去做事情。当你尽了最大的努力，情况还是没有改变的时候，再考虑离职或跳槽也不迟。

不管怎样，无论遇到什么样的领导，你都不能失去成长的主动权。为了得到你想要的成绩，如果你能从当下一步步地开始，那么来自人际关系的压力会逐渐消失，工作也会渐入佳境，领导对你的评价也会越来越高。

那些被认为工作能力强的人所做的事情，绝不是什么特别的事情。任何人只要掌握一些诀窍，稍微改变一下对事物的看法，即使现在和领导关系不太好，今后也能戏剧性地改善关系。

大家从哪里开始阅读本书都没有问题。虽然从第一步阅读到第五步能让你感受到行动力逐渐提升的过程，但因为每一步的内容都是独立的，所以你也可以从与自己现在面临的问题最相关的部分开始阅读。

如果本书能够帮助努力打拼的你创造出一个幸福的未来，我将无比荣幸。

抢活 +

STEP5
共赢

★★★★★

^
干
活

STEP4
承担

★★★★

+ 合力

^
单
干

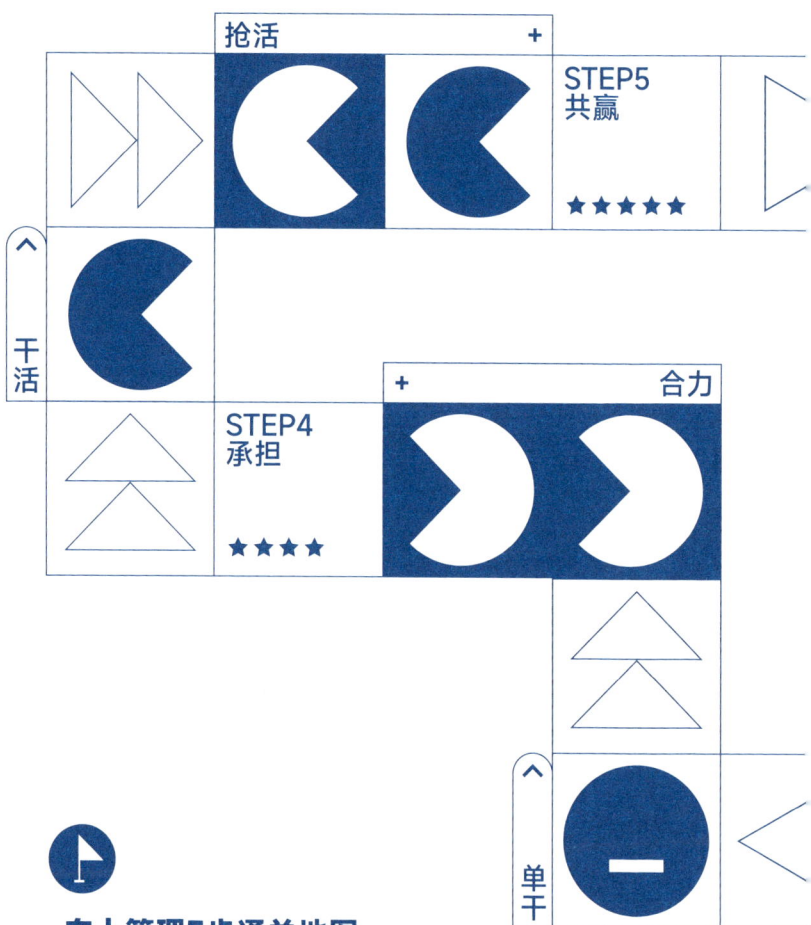

向上管理5步通关地图
在这场职场"打怪"游戏里
让领导成为你最好的队友

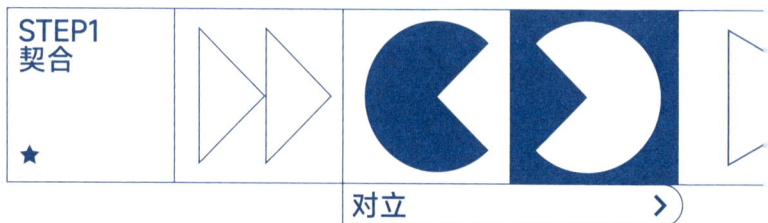

STEP1
契合

★

对立 >

追赶 > 超越 +

以"契合"为起点，以"超越"为终点

领导是队友，不是对手
拒绝零和博弈
相互成就，共同成长

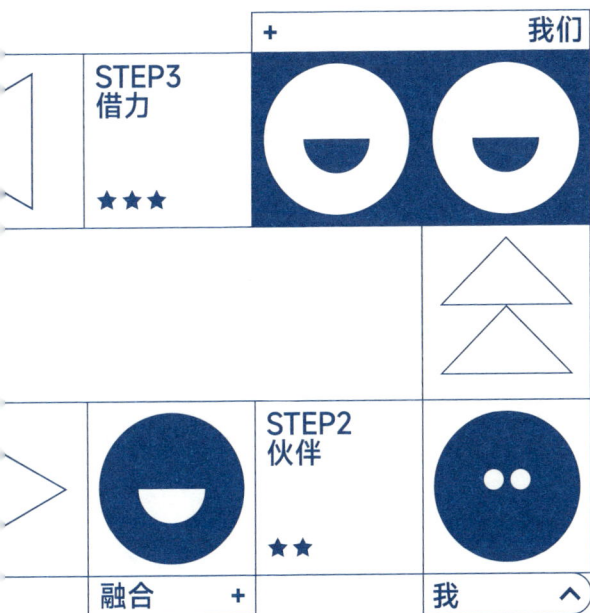

+ 我们

STEP3
借力

★★★

STEP2
伙伴

★★

融合 +

我 ∧

所以，对于年轻的职员而言，最应该知道的信息是领导在和自己相同的年龄时，是如何面对和解决所遇到的一些共性问题的，他的方式、方法是什么，这些信息无疑会对你具有启发和借鉴意义。

目录

领导不是对手，而是队友。相互了解是互相成就的基础。如何契合领导的愿景目标？如何让领导契合你的愿景目标？这是向上管理闯关游戏的起点。

懂领导，
也要让领导懂你

关键词：契合
思维转变：对立→融合

1

STEP ②

第二步

和领导就不能做朋友吗？可别这么想，你会失去很多机会。走对路，做对事，让领导信任你，看重你，欣赏你。这是向上管理闯关游戏的第二步。

建立联系，
让领导成为你的伙伴

关键词：伙伴
思维转变：我→我们

STEP ③

第三步

用好领导的资源，让领导成为你的资源。做生活中的"孤勇者"，不做组织里的"独行侠"。让领导支持你，帮助你，矫正你。借力打力，这是向上管理闯关游戏的第三步。

充分利用领导的资源，取得好业绩

关键词：借力
思维转变：单干→合力

STEP ④

第四步

提升自身价值，就能放大交换系数。独当一面，你就成了领导资源链中不可或缺的一环。主动闪光，勇于承担，为领导分忧，为信任加码。这是向上管理闯关游戏的第四步。

独当一面，
成为领导的伙伴

关键词：承担
思维转变：干活→抢活

STEP ⑤

第五步

向上管理不是一场你与领导之间的攻防战，而是实现你与领导共同提升的新路径。相互成就，实现超越。这是向上管理闯关游戏的终点。

**互相成就，
成为领导那样的人**

关键词：共赢
思维转变：追赶→超越

在工作之余多进行交流和沟通还会有助于你更好地确认领导的目标和方向，确认自己必须做的工作以及领导对你的期待。

STEP 1 契合

领导不是对手，而是队友。
相互了解是互相成就的基础。
如何契合领导的愿景目标？如何让领导契合你的愿景目标？
这是向上管理闯关游戏的起点。

难度级：★
能力值：★
战斗力：★ ★

适用人群：初入职 ⊖
职场级别：青铜级 🏆

你升级了！

成长进度条：   10%

关键技能：互动和分享   思维转变：对立→融合

融合 +

STEP1
契合

★

对立 ＞

第一步

懂领导，也要让领导懂你

STEP ①的目标是契合领导的愿景目标，成为最懂领导的那个人，同时也要让领导契合你的愿景目标。做过领导的人都会为公司里有能够准确理解自己想法的下属而感到欣慰，这实际上也体现了员工对公司目标的高度理解。只有理解了领导的想法，你才能更好地为公司做宣传。请带着这样的认知继续阅读。

STEP ① **01**

合拍：契合领导的"愿景目标"
不先了解领导的期待，一切将无从谈起

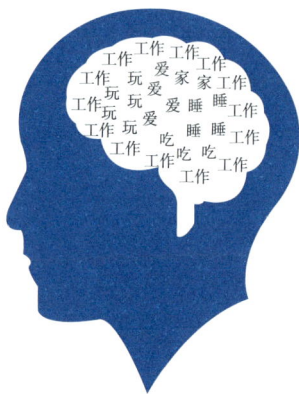

在领导考虑的事情中，哪件事占的比重大（重视哪一件）？对下属而言，把握这些信息非常重要

先问个问题，你觉得"被领导重用的人、能抓住机会的下属"是怎样的人呢？你会认为他们是"优秀的人""能做出成绩的人""机灵的人""执行力强的人""讨人喜欢的人"，

总之，答案有很多，把这些总结起来，我认为这个人就是一个契合领导"愿景目标"的人。也许"愿景"这个词会让人觉得生硬，换个容易理解的说法就是"领导心中理想的世界"。具体来说，理想的世界无非包含人、物、状况、价值观和理念这些东西，即领导"喜欢这样的人、这样的东西"或者"喜欢这样的想法、这样的情景"等。

大约在 15 年前，一项名为"大脑构造"的测试在网络上流行起来。所谓"大脑构造"，就是用图来视觉化地呈现大脑中各种事情所处的地位，也就是按照优先顺序排列愿望。当然，网络测试只是一个游戏，但如果能够契合领导的"大脑构造"，你就会得到他的青睐和期待，获得更高的评价。

人通常都是按照愿望的优先顺序来做决定的。例如，不论是把重要的工作交付给下属，还是带下属和客户见面，或是邀请下属一起吃午饭，领导都会无意识地先从符合自己期望的人中做出选择。至少如果是我的话，在会见重要客户时，我绝对不会选择那些对未来毫无期待的人。

这和恋爱有一些不同，但也有相似的地方。对于契合自己愿望的下属，领导总是想找机会提点他一下或者让他取得更好的成绩，让他有更多的机会。

换句话说，如果你没有契合领导的愿望，领导就不会特别在意你，也不会对你有所期待，更不会邀请你去见重要的客户，因此你获得的机会就会变少。

即使你很优秀，付出了比别人多一倍的努力，但如果不符合领导的要求，那也很难得到领导的好评。因为没有契合领导的愿望，彼此之间的有效沟通必然就会减少，其结果就是你对领导的想法、领导对你的期待，甚至领导对你的评价这些关键点都会出问题。像这样，你再怎么努力都是无用的。

我们可以试着从相反的立场来思考这件事情。如果你作为领导被委以一个重要的项目，你会重用什么样的人呢？

这个人一定是你想和他一起工作的人，在工作中能让你感到愉快的人，能很好地理解你想做的事和采取你喜欢的工作方式的人。

总之，如果你想取得更好的成绩，就要学会如何高效地借助领导的力量，当然，在此之前，你首先要做的就是能够成为契合领导"愿景目标"的那个人。如果做不到这一点，一切都无从谈起。

STEP ① **02**

优先：把领导当作你的 VIP 客户
积极回应期待，才能契合领导的"愿景目标"

虽说要契合领导的"愿景目标"，但这可不是单纯的"耍花招，做做样子"这种低层次行为。尽管每个人都有自己的好恶，也有私下里合得来的人，但是在商务交往中，既然是一种工作关系，领导重视的还是那些能让他的工作变得顺利的人，以及能满足他的期待的人。

这是理所当然的事情。因为领导也有对工作的规划和事业上的目标，所以，对你而言，你要做的是在行动和业绩上充分体现出你为领导或团队达成目标而付出的努力和做出的贡献。

我们就以日本战国时代的霸主丰臣秀吉为例。从一介农夫到成为王者，身份低微的丰臣秀吉正是因为契合了织田信长的"愿景目标"，才能一直受到重用，最后成就一番霸业。

一些发生在丰臣秀吉身上的故事值得大家思考。

有很多事都被传为佳话。丰臣秀吉在寒冷的冬天，用自己的体温为主公织田信长暖草鞋；作为尾张的小大名^①，丰臣秀吉每天都在进行生死之战，为了主公的霸业丝毫不敢有所懈怠；他还以最快的速度修筑工事，为拿下岐阜城，一夜之间建造了一座城堡，并在金崎之战中假扮主公，不惜让自己深陷危局，换得主公转危为安。

总之，每一个重要的时刻，丰臣秀吉都能够恪尽职守，全力以赴地完成织田信长想做的事情，甚至有时候还会超越主公的期待。这些轶事是否属实暂且不论，但织田信长高度评价丰臣秀吉是自己"完成统一霸业中不可或缺的下属"却是不争的事实。

我们也要成为现代职场中的"丰臣秀吉"。

当然了，因为年龄和平台的不同，你所能成为的"丰臣秀吉"也是不一样的。但是我们也要看到，丰臣秀吉在当时他所处的职位上，做任何一件事都是全力以赴，不断地满

---

① 日本古代官名。——译者注

足织田信长的期待，直至成为其最亲密的伙伴。最终，丰臣秀吉作为织田信长的继承者，超越织田信长并取得了更大的成功。

再提示大家一种思维方法，就是把领导当作客户来对待。你要做的就是契合对方的愿望，然后调整自己想法的优先顺序，使它与"客户"的经营目标完全对标。

能够满足客户愿望的销售人员正是因为积极回应客户的期待，并把它放在优先位置上，才赢得了客户的信任。如果能做到这一点，当在客户身上发生不好的或者麻烦的事情时，客户都会在第一时间想到你，主动联系你，你也就抓住了与其长期合作的机会。像这样，如果能把领导当成客户，把自己当成销售人员（并且不是靠薪金制而是"完全拿提成的"那种销售人员），那么你的格局和眼界将会完全不同。在这种情况下，领导（客户）与自己就是一种共赢的关系，也可以说此时的你们结成了共同体。即便是一位不擅长做领导的人也会自然地思考怎么做才能和下属达成共同目标。

掌握了这些技巧，即便遇到令自己感到不快或棘手的事情，你也能够控制好情绪，出色地完成任务。

STEP ① **03**

自我：也要让领导契合你的"愿景目标"
了解领导，最终是为了让他也融入你的愿景

人是一种只要有人了解自己，对自己感兴趣，就会变得很开心的生物。典型的例子就是明明没有任何人要求，很多人还是会在 Facebook 等社交网站上乐此不疲地分享生活。这个例子恰恰说明我们要想入得了领导的"法眼"，就要先关注有关领导的信息，做好信息搜集的工作。

具体采用什么方法呢？下面，我会逐一和大家分享。如果领导知道你在关注他，对他感兴趣，领导不会不高兴，更不会因此讨厌你。相反，领导会很乐意与下属接触，顺便了解下属的想法。拒人于千里之外的领导是不称职的，是无法开展工作的。

但这里也有一个大前提需要大家注意：在你期望能够契合领导的愿景目标之前，必须先让他契合你的愿景目标。我们为了引起领导的关注而努力工作，但这并不意味着我们需要去喜爱领导，也不意味着我们要去讨好领导。也就是说，我们的所作所为首先要符合自己的意愿才好。领导制定团队的目标，并带领团队为实现这个目标而全力以赴。当然，领导也渴望拥有知心下属，一起成长，创造更好的业绩。但是在工作上，每个领导对下属的工作状态、价值观以及下属对自己的态度的期待程度不同，在与他接触的方式上也会有所不同，这是再正常不过的了。但我们不能因为领导对待我们的态度不同而采取敷衍塞责或者两面三刀的做法来糊弄领导。如果你对一个人没有诚意、敬意，甚至对他漠不关心，即便你表现得再怎么积极，也会被他看穿。如果你自以为领导没有看穿你的态度，不仅会让身边的人讨厌你，而且会让人觉得你很奸猾。更何况这种事即使骗得了对方，也骗不了自己，长此以往你自己也会有很大的心理压力，更谈不上进步和成长了。

很多人并没有意识到这个问题。所以，请你先努力做到让领导融入自己的愿景，如果不这样做，你也无法融入领导的愿景。

你要认清这一点：在最初阶段搜集想要亲近的对象的各种信息，不是为了让对方满意，而是为了让对方与自己合拍。

想要实现这一点，不仅要关注对方的优点，也要关注他与自己不同的地方，还有必要认清他让你感到不舒服的方面。另外，有一个错误的认知也需要改变：我们总认为与和自己不同的人，一定会合不来；与和自己价值观相近的人，就一定能很好地相处。其实未必如此，那只不过是对方在相互间的交流中认可你的价值观而已。相反，我们也许会从那些和自己不同的人身上有新的发现，在交往中学到更多。

所以说，即便是遇到和自己价值观不同或不太好沟通的领导，我们也没有必要感到悲观或者打退堂鼓。在我们成长的过程中，会遇到各种各样的事，也包括那些不太好的事，但它们对我们的人生却都有着积极的意义，我们要学会接受，并抓住这些锻炼自己的机会。

了解了领导的优点，也了解了他与自己的不同之处，这样在让领导融入自己的愿景的同时，领导也会把你纳入他的愿景。请大家一定记住这个前提，在日常工作中试着去和领导沟通交流吧。

STEP ① **04**

关注：了解他的人生轨迹和价值观
领导是"人"而不是一个"头衔"

在电视节目或者视频网站上，我们经常会看到演员和创作者毫无保留地将自己的过去、价值观和家庭状况等与大家分享。因此，即使我们只知道他的长相和名字，即使他不是我们关心的人物，但是在看过节目或视频后，我们也会增加对他的好感度和兴趣。想必你也有过这样的体验吧。

为什么会这样呢？一个很重要的原因就是我们知道了对方的背景信息。了解背景信息并不只意味着了解表面上的职业、头衔等，其意义在于通过这些信息我们看到了一个真实的、活生生的人。

这个道理也适用于领导与下属间的交流。在实际工作中，下属很多时候只会看到领导的头衔和职务，用"经理""主任"等头衔称呼领导。其实，领导不是抽象的头衔，他有自己的人生经历，回到家他也要扮演生活中的角色，拥有快乐、感动、悲伤等基本情感，并且拥有自己独特的价值观（价值观也有先后顺序）。对下属而言，了解领导的这些信息，尤其是其价值观的先后顺序，是非常重要的。那么，究竟怎么做才能更深入地了解领导的人生轨迹和价值观呢？最直接的方法只有一个：问领导本人。当然这种询问也是需要技巧的，下面我给大家举个例子。

- 您为什么要进这家公司？
- 当您在像我这样的年纪时，对职业是怎么看的？
- 在您的人生历程中，面对过哪些分岔口和转折点呢？

我们询问有关转折点的一个重要原因是，我们可以了解领导人生中的"失意和低落时刻"或者"腾飞和成功时刻"，以及由此带来的情绪上的波动，也可以了解他克服困难、走出困境的心路历程。这些将有助于我们全面了解领导的价值观。

15

STEP ① **05**

回应：从你的回答中，领导能更好地认识你

一个人所拥有的力量会如实地表现在回答方式上

在我的印象中，每当询问那些成功人士他们年轻时最注意的事情是什么时，多数人的回答都是"对领导的指示要立即回应"。

并且有的人会说基本要在"2秒以内"答复，甚至有的人会说要在"0.2秒以内"答复。不管怎样，大家对于领导的任何指示都会表现出"马上执行"的姿态。其中的道理或许有很多，简单地说，其实就是领导在考察下属。从你的回答方式中，领导不仅能够考察你的意识，还有你的品性、反应能力以及思维方式。

例如，在招聘员工的时候，如果电话询问"从今天开始要进入由总经理面试阶段了，你能来吗？"对于那些列举出很多理由而不能来面试的应聘者，有的公司就会直接将其淘汰。

公司认为，不管是说已有预约，还是说路途遥远，都是在找理由，而对于能马上说"我现在就过去"的人，公司会优先考虑聘用。之所以会这样，说得夸张一点，那是因为公司认为这样的人即便遇到突发事件也能够快速做出应对和调整，公司需要这样能随机应变的人。

近年来，因为受到外界环境的影响，领导的管理方式与之前大不相同，可是有些人因为一些突发事件就断然拒绝公司或领导的要求，还找出一大堆理由来搪塞，这会让任何领导都感到不悦。所以说，不要轻易拒绝领导的工作要求，即便拒绝也必须讲究方式和方法。

举个例子，一旦回答"是"，之后就要和领导沟通好下一步该怎么做。如何沟通，请看以下二人的对话。

领导：明天和 A 公司聚餐，你能陪我一起去吗？我想把你介绍给 A 公司的领导。

下属（第一种回答）：谢谢领导，我很想去，只是我明天
已经约了别人，我去协调一下，能容我再商量一
下吗？

下属（第二种回答）：聚餐几点开始？其实 6 点我在横滨
还有个应酬，也许时间来不及，我协调一下，看
看能不能把横滨的应酬改到 8 点。

领导：这件事有点儿着急，明天早上能确定下来吗？（现
在已经是晚上了）

下属：我明白了，无论如何我都会去。我会尽量协
调好。

其实，对于这两种回答，领导都能接受。我们要注意的
关键点在于听了领导提的要求后，不要立即否定。我们首先
应该用"感谢""想去""这就去办"等正面的反馈肯定领导
的提议和指示，一开始就向领导传递"我愿意"的信息是非
常重要的。如果确实没有问题，你按照领导的指示参加就好
了；如果有让你为难或做不到的理由，你可以和领导再商量，
尽量让结果接近领导的期待。当然，以上这些都是以符合常

识为前提的处理方案。但是，如果领导不容解释，也无视你的特殊情况，强硬要求你参加聚餐，那你就需要考虑其他应对之策了。

STEP ① **06**

互动：共读并分享感受，加深彼此的了解
讨论一本书或一部电影，找到最精准的契合点

　　无论是谁，都有一两次这样的经历，就是领导或前辈向你推荐一本书，并对你说"读读看，很不错"。但是，对于这样难得的机会，有人却以"非常忙""没有多余的精力"等借口搪塞，或者只是装装样子读了读，最后不了了之。这样的行为至少让他损失了三个机会。

- 进一步了解领导，让领导进入你的愿景的机会。

- 融入领导的愿景的机会。

- 阅读自己平常没有阅读过的作家或领域的书，从而获

得成长的机会。

下面我们围绕前面两个机会进行讨论，你对此是怎么想的呢？

对于领导推荐的书，首先我们要认真看一遍，然后再把自己的感想传达给对方。进一步而言，在表达过程中，你是否能够让领导对你印象深刻呢？要是换作我，对领导推荐的书，无论有多忙我都会尽量挤出时间好好地读一读，然后把感想汇报给领导。把书换成电影，也是一样的道理。

其实不只是领导，如果是客户向你推荐书，你就应该给对方寄去写有谢词或感想的信函。或者在下一次聚会和洽谈的时候，你要准备好自己的感想，和客户好好地聊聊。为了给人留下深刻的印象，在谈感想的时候，只是说"好有趣""很感动"等泛泛的话就太不认真了。谈话的内容应该更具体，如某某章、某某节，甚至是某几句话让你深有感触等，这样才会让对方觉得你不是在敷衍。

有时你们会聊得很起劲，为了有话可聊，之前你就要把书通读一遍，在此基础上你还要想好至少三个令你印象深刻的片段。

你可以这样表达谢意："非常感谢，您推荐的书令我受益匪浅，现在正是看此书的最佳时机。"

领导听到这样的话，不仅会觉得自己推荐这本书是英明的，而且对你的评价也会很高。领导会认为你对自己的现状和课题有较为清醒的认识，渴望成长的意愿也非常高。

一个很好的机缘，别人向我推荐了一本书，给我留下了深刻的印象。这本书就是神田昌典所著的《成功者的告白》（讲谈社出版）。

在创办公司之前，我有幸读了这本书。作者用小说的叙事手法描写了经营者陷入各种经营困境时的状况以及摆脱困境的历程，让我受益匪浅。特别触动我的是，作者反复强调当经营者遭遇困境的时候，一定不能"认命"，而要自己先去思考解决问题的办法，并付诸行动。这本书改变了我对于很多事情的想法。我就是这样一边思考着一边生存了下来。我的这些想法就是从书中获得的，现在想起来，阅读这本书对我经营公司的确很有帮助。

STEP ① **07**

深挖：找到影响领导的信息来源
如果领导和你年龄相仿，一定要多取经

所谓信息来源指的是领导从哪里获得信息，他受到了什么人、什么著作和思想的影响。具体而言，包括以下内容。

- 在组织里，哪些人可以影响到领导？

- 在组织里，得到领导尊重和获得很高评价的人有哪些？

- 领导参加的进修班或者社区活动有哪些？

- 领导偏好的学习内容和专业领域有哪些？

- 领导喜欢读的书、报纸、杂志有哪些？

- 领导习惯用的软件程序有哪些？

掌握了上述信息，你就能理解领导的价值观和他所谈论

的话题。这样做的好处就是能和领导进行深入交流，并将新的信息转化为对自己有用的信息。

通常，越是优秀的领导者越是掌握着我们不了解的核心信息。假如领导的人品和管理能力都很出色，通过和他深入交谈，你可能会获知他在上大学时学心理学，进入公司后又进修了管理学专业课程等重要信息，没准他还会向你推荐非常好的进修培训班呢。

作为领导，如果下属对自己掌握的信息来源非常感兴趣，而且表现出很想请教的样子，那领导也会很高兴。

我们要充分考虑领导和自己在年龄、职业经历上的差距。在读取信息上有必要从"与自己年龄相仿，具有相同或相似职业经历"这种视角出发。

道理很简单，领导并不是从 10 年前、20 年前就是"现在"的样子。他在年轻的时候应该也会不成熟，能力也没这么强，也会为各种各样的事情而苦恼。也正是在经历了这些之后，他才慢慢成长起来，成为现在的领导。

所以，对于年轻的职员而言，最应该知道的信息是领导在和自己相同的年龄时，是如何面对和解决所遇到的一些共性问题的，他的方式、方法是什么，这些信息无疑会对你具有启发和借鉴意义。

举个例子，假如我的下属知道我作为经营者加入了一个高端的经营者团体，他对我说"我也想参加"，我会认为他的想法有点不切实际。年轻的职员很难进入这种团体，即便进去了，因为能力和职位有限，也是很难引起别人关注的。这样的信息对他而言实际上没有太大的用处。与其这样，我想他不如询问我"您或者某某在我这个年龄时，都参加了什么培训班"，这样的信息对他或许更有帮助。

读书也是如此。因为年龄、时机和立场不同，一本书给你的触动、对你的帮助或者让你得到的感悟都会不同。即便领导说他最近读了一本非常有趣的书，但对于年轻的职员而言，他们从书中所获得的感受未必和领导的相同。

我有一个当领导的朋友，每年公司职员过生日的时候，他都会送一本书给对方作为生日礼物。他还会把什么时间，送给谁什么书等信息全都记录下来。

这件事其实让他很辛苦。因为工作繁忙，而且员工的数量也在不断增加，想要给每个人都送上适合的书很难。

听了他的话，我也产生了试试的冲动，但是感觉难度太大，到现在也没有付诸行动，作为替代方案，我会直接给员工写寄语，算作公司赠送的礼物。

话虽如此，但作为职员还是不要太被动、等着公司送礼物，而是应该积极地询问："有适合我读的好书吗？"

STEP ① **08**

交心：一起去体验兴趣，建立情感链接
把握与领导交心的机会

一说到"休息日就是陪领导做他感兴趣的事"，也许有人就会感到厌烦。但是如果你想知道融入自己愿景的人是如何充实业余时间的，或者想让人告诉你一些自己不知道的事情，那你就得有所付出。只要抓住了这些信息，你就会充满好奇，感到其乐无穷。

试着回想一下迄今为止你所走过的人生旅程，很多时候，因为被恋人、朋友邀请去参加一个你此前从来都不感兴趣的活动，而最后你却喜欢上它甚至沉迷其中。相信很多人都有过这种体验吧。

其实你的意外收获不止如此。邀请你的人也会因此变得开心，你们之间的关系也会变得更密切，重要的是，你也拓宽了自己的人际关系和眼界。所以，对于这样的好事情，你还是要多把握机会。

记得我还是一名普通职员的时候，公司里有一位领导很喜欢钓鱼。因为我小的时候跟着父亲去钓过几次鱼，虽然技术一般，但我还是对领导说"我也想去钓鱼"。领导听后很开心，之后他就经常带着我去钓鱼。

我们钓的是太刀鱼。记得有一次出海钓鱼，因为风浪大，渔船摇晃得很厉害。我竟晕船了，给领导添了很大麻烦。但是，当我成为领导以后，回想起这件事我才明白，尽管晕船给领导添了麻烦，领导却会因为与我有共同的爱好，而且我能陪他去钓鱼而感到欣慰。

从那以后，每当公司组织职工带着家属一起出游的时候，我都会先去目的地考察一番，寻找适合垂钓的地方。我的目的只有一个，尽可能地抓住机会和领导沟通。像这样，如果你了解对方的兴趣，你就要抓住机会，通过兴趣增进彼此的了解，让对方能够更容易地融入你的愿景。

另外，陪着领导聊他的兴趣爱好的机会是非常难得的，因为平常大家都很忙，很少会聊工作以外的话题。所以，利用好休息日，会让你有很多意外的收获。

明白了这个道理，休息日的时候，你可以陪着领导一起跑跑马拉松、打打网球或者爬爬山，等等。哪怕路途遥远，需要驱车前往，在兜风的过程中你也可以有更多的时间和领导谈心。

另外，一同参加聚会、野餐等以家庭为单位的休闲娱乐活动时，可能会聊到非常有趣的话题，也许你会有意想不到的收获。所以，建议各位遇到这样的机会一定要积极参加。

就拿我来说，我的一大爱好是鉴赏现代美术作品。从中学开始，我就受到了几位美术老师的影响，对现代艺术作品充满兴趣。我记得有一幅叫作《太阳之塔》的作品，我第一次见到它就被它深深地吸引了。从作品中我感受到了有关"过去、现在和未来"的深刻内涵，这对我以后的人生包括经营公司的策略都有很大影响。假如我的下属也对艺术感兴趣，我就会很高兴地和他聊很多关于这方面的话题。

STEP ①

09

画像：了解领导心中对你的期待
理解被期待的意义，明确被评价的标准

　　很多人努力工作，也取得了一定的业绩，但是没有获得领导很高的评价，也没有契合领导的愿景。如果你有这样的感觉，究其原因，也许是你没有很好地理解领导的愿景目标和评价标准。

　　就拿足球队或棒球队来说，我们试想一下，如果球队中有一名非常优秀的球员，但他并没有充分理解球队或教练的价值观和长远规划，那他永远都不会成为球队的核心。因为在教练或球队管理层看来，这样的球员很容易把个人的利益凌驾于整个球队之上，或者根本不关心球队的整体发展，而只顾个人的前途，甚至为此做出有损球队利益的行为，所以，从大局出发，这样的球员不能成为球队的核心。

公司职员也是组织体系中的一员，虽然不同于体育选手，但道理是相同的。如果你在某个公司、某个组织或者某个团队中工作，那么你的工作就是要让领导的目标得以达成。正因如此，作为下属，我们有必要理解领导当下面临的课题任务，并且在此基础上，了解领导三年、五年的愿景目标，并为此提前做好相关的准备工作。

当你充分了解了领导短期和长远的目标后，你就可以思考自己能够发挥什么作用，或者自己该怎么做才能更接近目标，并为此制定相关的方案。如果你真的是从领导的立场来思考的，那么你的方案就很可能会被领导采纳，由此你也就自然契合了领导的期望。相反，不论你多么努力，多么热心地工作，但你的方案和领导的意愿相差万里，甚至是相背离的，那么你的努力不仅白费，还会起到反效果。领导会认为"这家伙当真没有理解我的意思"或者觉得"这样的提案真是浪费时间""和我的看法完全不同"。

为了避免出现如此糟糕的结果。我们有必要通过参加例会、碰头会、业务指导学习会或者公司团建等各种活动，找准时机，谦虚而诚恳地求教领导："您对我的工作有何期待和指导？""我该怎样改进工作方法来为公司做出更多的贡献？"也就是说，你要通过交流，正确认知领导期待你在组织中发挥怎样的作用。

我就经常这样告知新入职的职员："你必须和主管领导沟通，明白他期待你在这一年里怎样开展工作。但在此之前，你要先思考领导的目标是什么，并把它归纳成几个关键点，然后再找领导沟通。"

这样去做，我们和领导的想法可能会高度一致，也可能仍存在偏差。我们需要特别留意的是那些领导并不认同的想法，以及自己没想到却是领导所期待的目标。另外，领导也可能会说"不，现在不做也是可以的"这样的话，这样的说法你也需要注意。

在和领导的交流中，你还需要留意以下三个方面的内容。

1. 要定期积极主动地和领导沟通交流，以便及时确认领导对你的期待的变化，调整工作方向，不断进步。

2. 在了解了领导期待你应该发挥什么样的作用后，你还要向领导具体确认什么时候做、做多少以及获得肯定评价的基准是什么，防止自己盲目行动。

3. 充分了解了领导以前没有明确说明的目标和理想之后，你对他的认识和看法就会有所改变，也就更容易捕捉到他的思路和目标。如果你和领导建立起了一同面向未来目标而相互支持的关系，那么包括你在内的整个团队都会变得更强。

通过这样的相互认同，你们之间就不再单纯是领导和下属的关系，而是变成了搭档和不可或缺的伙伴。

STEP ① **10**

破冰：及时处理分歧，体谅领导的难处
摩擦只是因为你和领导看问题的出发点不同

在公司里，我们会时常听到"感受到了领导的不公对待"或者"很难和那位领导融洽相处"之类的声音。可如果你只是听说，而并不了解具体情况，是无法给出公允的评价的。

如果我是那个感到困惑的下属，我就会很坦诚地直接和领导沟通，说出我的感受。之所以这样做，是因为我认为出现了问题最好当场解决。如果你放任这种被不公对待的感受，不采取任何措施，那么时间久了你就会对领导充满敌意，积蓄很多不满情绪。这样的情绪会让你的工作动力下降，发展受到制约，你和领导的关系也会变得糟糕。

为了避免这种情况出现，我们除了拿出实际的业绩之外，还要拿出最大的诚意，尽最大的努力去试着和领导好好地沟通。试着把你的感受、想法传达给领导，如果你是真诚的，有理有据的，而且注意措辞的话，绝大多数的领导都是能够接收到你的信息的，他们会坦诚地回复你"原来是这样，我了解了"。相反，如果你始终抱着"领导是不对的""我的看法和领导的完全不同"这样的想法，领导对你的看法不仅不会改变，而且会把事情搞得更糟糕。大家需要注意，所谓的看法不同，也许是站在各自立场上对工作的要求不同。并且，领导对你的评价和你自己的评价本来就有可能存在差距（正面和负面的评价都有）。另外，作为下属，你的想法也许相对有限，在涉及公司整体方面，你和领导的视野自然会高低不同。

比如，在公司的经营上，没有什么事情是绝对的。无论是部门领导还是公司领导，他们通常会认为如果不试着做一做，谁都不知道结果会怎样。为了公司的将来考虑，即使有一定的失败概率，领导也必须让下属去尝试着挑战一下。也许尝试后的结果很不理想，但正是基于这样的尝试，才让领导明确了这种做法行不通，他才能着手制定新的战略。

作为下属，你的工作就是尽快执行领导的指示。如果按照指示做了，但过程并不顺利，结果也不尽如人意，你也不要抱怨，因为这类"失败"也包含在你的工作之中。

可是，有时候有的下属并不理解其中的道理，他会因此抱怨，很容易觉得这是领导对自己的不公正对待。当然，有时候也可能是因为领导对自己下达指示的背景和理由没有和下属交代清楚。如果你能意识到自己感受到的不公正对待背后是因为这些缘由的话，你就能变得通达，也能更清楚地认识自己。

如果你觉得领导的发言总是针对你，很不讲道理，建议你还是先积极地与领导沟通，尽量收集对自己有帮助的信息吧。千万不要什么努力都不做，就一味地积累自己对领导的不满和敌意，那样你什么问题都解决不了，还会让情况变得更糟。

话虽如此，也不能排除的确存在非常严苛的领导。但这只是个案而已，你只需意识到如果自己成为领导决不会那样做就可以了。

毕竟人无完人。对于领导的不足之处，你首先考虑的应该是为了公司的利益，能不能帮助领导弥补这个不足。另外，不要过分要求他人也很重要。如果执拗地认为"领导应该怎样怎样"的话，你就只会积累不满。对我们而言，重要的是自己的将来会变成什么样子，而不是和领导"死磕"。如果是我，能够尽早发现领导的不足并帮助他弥补这个不足，我会觉得非常幸运。

STEP ①

「融合领导愿景」的行动

结合自身情况，试着思考 01~10 的内容。对于不能回答的问题，请向领导求教

	行动起来		你的答案
01	试举三件领导重视的工作，并说出你的理由	▶▶▶▶▶	
02	对于领导重视的工作，你又能为此做什么呢	▶▶▶▶	
03	列举你认为的领导的优点和讨喜的地方	▶▶▶▶	
04	为了了解领导人生的转折点，请把你要提的问题记录下来	▶▶▶▶	
05	对于领导委派的任务你经常拒绝吗？你应该怎么做才能完成任务	▶▶▶▶	
06	对领导推荐的书和电影，你记录了感想吗	▶▶▶▶	
07	如果领导和你年龄相仿，你向他求教过如何提高自己吗	▶▶▶▶	
08	列出对领导的兴趣和爱好，并标记出你们一起体验过的兴趣和爱好	▶▶▶▶	
09	领导期待你应该在工作中发挥怎样的作用	▶▶▶▶	
10	对于领导重视的工作，你又能为此做什么呢	▶▶▶▶▶	

【专栏】 人生的转折点①上大学前

　　了解了领导的人生轨迹和价值观，我们可能会增强对对方的兴趣和亲近感。作为一个案例，我想和大家聊聊我的生活图景。

　　我人生的转折点在高中一年级，就在那一年，父亲因患癌症而去世。记得那天早上 8 点左右，父亲的心电图监测仪发出了"哔、哔、哔"的声音，随后他没有了心跳。那一瞬间，我感受到了无比的悲伤和痛苦，觉得人生真的没有意义，人最后一定会死。母亲悲痛欲绝，整个病房的气氛非常压抑。我实在无法忍受这样的气氛，就拉开了病房的窗帘，想让阳光照进来。拉开窗帘的一瞬间，映入我眼帘的是马路上来来往往的学生和上班族——这就是芸芸众生的生活图景。虽然我的父亲去世了，但是世事依然如常，就像什么也没有发生过，地球不会为谁停止转动。我想，如果我死了，也会是这样。

　　现实就是如此，我不禁问自己为什么要活在世上。我想，这是父亲为我遗留下的最后的信息。为了寻找答案，我开始了对人生的探索。

　　后来，我有幸遇到了高中书法部的曾我英正老师，从此我开始倾心于艺术。当我第一次看到被誉为前卫书法家的曾我英正老师的作品《宇宙》时，我被深深地震撼了。我前所未有地感受到这是一部与他之前的《所谓的美丽》《真的很棒》完全不同的作品。之后，我又醉心于艺术家冈本太郎的作品，看了他的代表作《太阳之塔》后，我竟然萌生了在学校空地上建一座高塔的想法。冷静下来后，我意识到这是一个多么鲁莽的想法，但我还是大胆地和校方提出想建一个以"草"为主题的塔的想法。经过多方沟通，学校最后同意了。

　　当实现了这个目标的时候，我意识到我创造了只有自己才能创造的价值，我将成为有价值的自己。我把这样的生存方式称为"超越"，一旦确立了这样的目标，我就感到全身都充满了能量。（待续）

总之，如果你想取得更好的成绩，就要学会如何高效地借助领导的力量，当然，在此之前，你首先要做的就是能够成为契合领导"愿景目标"的那个人。如果做不到这一点，一切都无从谈起。

STEP 2 伙伴

和领导就不能做朋友吗？
可别这么想，你会失去很多机会。
走对路，做对事，让领导信任你，
看重你，欣赏你。
这是向上管理闯关游戏的第二步。

难度级：★ ★
能力值：★ ★
战斗力：★ ★ ★

适用人群：工作1至3年 ••
职场级别：白银级 ▄

你升级了！

成长进度条： 25%

关键技能：吸引和感染　　思维转变：我→我们

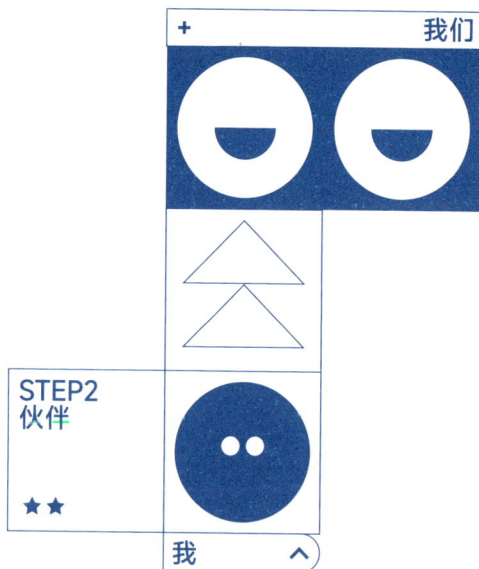

+ 我们

STEP2
伙伴

★ ★

我 ∧

第二步

建立联系，让领导成为你的伙伴

在STEP ②中，你的最高目标就是让领导成为自己的伙伴。毫无疑问，效力于美国职业棒球大联盟的超级明星大谷翔是百年一遇的奇才。但是当年的"二把刀"能够达到今天的高度，除了自身的努力之外，还与他在读中学时的教练以及北海道的领导密不可分。

如果狭隘地认为下属和领导永远不可能成为要好的朋友，那会让你错失更多的机会。要想在组织体系中表现突出，必须有上级的支持，所以领导是你成长之路上不可或缺的存在。我们在努力工作的同时，请不要忽略这一关键要素。

STEP ② **11**

行动：行动力是与领导建立紧密联系的"敲门砖"

"知道"和"做到"有着本质的不同

我是从年轻时作为"职员的立场"和现在作为"经营者的立场"这两个角度来撰写这本书的。

在进入 STEP ② 的内容之前，我们有必要先确认以下三项内容。

- "知道"和"做到"产生的实际效果是完全不同的。

- 思考能力和行动能力是完全不同的。

- 领导的评价标准是行动力，但如果下属不理解，就容易产生不满情绪。

本书阐述的部分内容是职场人所应具备的最基本的常识，

或者从不同的地方应该听说过的。但仅仅是"意识到"或"知道"还远远不够，在现实中"知道"和"做到"的意义也大不相同。

举一个容易理解的例子做一下比较吧。

A 别人对我好，我知道，如果我说声"谢谢"，对方就会很高兴，我们的关系也会变好，但我没说。

B 别人对我好，因为我能做到一直说"谢谢"，所以我们的良好关系得以长期保持。

这个例子可能稍微有点极端，但本书目录中列出的每一个措施，在本质上和这个例子说明的问题是一样的。我们工作中的成长和烦恼之处就是如何将 A 变成 B，也就是将"知道这样做很好，但不做"变成认认真真落实到行动上，以解决自己面临的问题。

对我们而言，关键是要拿出行动力，这是和领导建立紧密联系的"敲门砖。"现实中，能够付诸行动的人很少，而能够持之以恒地付诸行动的人更是少之又少。正因如此，如果你能够付诸行动，一边不断提高自己的能力，一边坚持不懈地行动，那么你就会在不知不觉中把别人甩到后面，形成巨大的优势，而这时领导也会青睐你。

实际上，我也常利用各种机会，在公司内外分享我的经验。听了我的分享后，有的人仅仅是觉得不错或者只是反省一下自己，有的人却尝试着做出改变。我觉得，两种不同的行为所产生的效果还是有差别的。尽管之后向我详细汇报并提出问题的人屈指可数，但是只要这样去做的职员，他们绝大多数都会在公司中脱颖而出、迅速成长，甚至有的人之后成功创业。其实，事情本身很简单，没有什么做不到的，就看你能否迈开第一步。

你要行动起来，完成这些看似简单的事情，不断积累经验，提高能力，经过一年、二年、三年，你就会有很大的变化，变得令人刮目相看。

这些事情几乎与个人的资质和禀赋没有任何关系，只是做与不做的差别。话虽如此，但真要做到对我们而言也有困难。我们常常会把大家都知道的事情以及都能意识到的事情认为是自己的新发现。但那终究只是自己的感觉，在领导看来，也许会认为你"完全没有行动起来""明明可以做好，却没有下功夫"或者"你要做的和我想要的不是一回事"。

　　要想避免出现这种状况，就要像我在 STEP ①中告诉大家的那样，我们应该通过和领导的密切沟通来判明情况。这里重要的一点是，我们时刻都不能忘记，要冷静地审视自己的行动有没有偏离实际情况，想一想如果自己是领导，会如何评价自己的方案。希望大家在此基础上，严格要求自己，不断进步。

STEP ②

12

展现：保持状态，更容易得到领导的信任
好的状态带来好的评价

　　问一个问题，假如你是一名职业足球运动员，早上九点开始比赛，那么你会几点到达赛场？对于这个问题，绝大多数的人都会回答"我会提前一两个小时到达，提前适应场地环境，做做热身运动"。而回答"在比赛前几分钟匆忙到场"的人应该一个也没有吧。那么作为公司职员的你会在上班前多久到达公司呢？我想一定有不少人着急忙慌地起床、梳洗，"踩着点"赶到公司。当然，也有人会早早地来到公司，留出充裕的准备时间，在脑子里规划好一天的工作安排，还会利用这段时间瞅准时机去和领导沟通交流。

　　如果采取前者的工作方式，你就无法以最快的速度投入

工作。凡是能干的人，几乎都保持着后者的工作方式和生活习惯。当然，从工作时间和劳动报酬的角度看，认为只要能赶上上班的时间就可以了也并非没有道理。但是，我们应该清楚地认识到，报酬实际上是根据你的价值来支付的，这也是为什么人与人之间的收入千差万别的原因所在。

如果你想提高自己的年薪，获得更高的评价，那么请你从价值而不是时间的层面来认识报酬，把你的重心和精力放在如何能够提高工作效率和个人价值上来。

这个道理不仅限于早上的行动，还适用于包括餐饮、睡眠、运动等在内的生活的方方面面，甚至可以说，在漫长的职业生涯中，保持良好的身心状态和生活习惯对我们非常重要。状态稳定的人总是能够保持良好的工作质量，比那些偶尔努力的人更能得到领导的信任和赞许。

有人认为，年轻的时候即使减少一些睡眠时间也要努力工作，但这并不是一种可以常态化的科学的工作方式。相反，如果能保持充足的睡眠和休息时间，你的身心会更加健康，也能保持更加稳定的工作状态。就拿我来说吧，以前我也是晚睡早起的人，但是到了40岁身体就吃不消了，之后我改变了作息习惯，不再熬夜，并且安排固定时间去健身房锻炼身体，开始了规律又健康的生活。

基于这样的生活经历，我在公司建立起"状态检查"机制。具体来讲，就是在上班的时候，检查一下员工们"上班的时间、预计下班的时间、睡眠的时间、体温和精神状态"等，就像天气预报那样，让员工根据这五个指标来申报自己的状态。

通过这样的检查，如果发现有睡眠时间低于四小时的员工，就建议他好好睡个午觉。如果有员工连续三天因精神状态不佳而被提醒，主管领导就会找他面谈。另外，在饮食方面，禁止员工在公司吃不健康的食品。为此，我们还计划给员工配备营养师来保证大家的饮食健康。

从整个人生来看，无论好与坏，可以说，都是年轻时候养成的习惯塑造了我们现在的人生，请各位牢记这一点。

想象一位男性，即使结婚生子后，他也会在深夜，孩子睡着后才回家，然后将残羹冷炙放进微波炉热一热就对付着吃了，或者只在外面随便吃点；到了早上，他看了一眼还在熟睡中的孩子后就匆忙上班去了；因为平常工作太忙，他几乎很少有时间和家人交流；到了周末，因为疲惫不堪，他常常一觉睡到中午。由于平常很少和孩子说话，所以即使偶尔聊天也常常陷入"尬聊"的境地。这样的生活状况对自己和家人来讲都是不幸福的。如果我们继续不规律、不健康地生活，那么人生百年，你很有可能会在中年以后就把身体搞垮了。

STEP ② **13**

开口：抓住和领导说话的机会，迈开交往的第一步

不善言谈的人也有机会和领导说话

　　年轻职员，尤其是刚进入公司的职员没有太多机会和领导说上话。正因如此，我们才需要珍惜这样的机会。

　　比如，与领导一起去见客户的时候，你要抓住和领导乘坐出租车、地铁或者出席宴会等各种时机，尽可能挨着领导坐，方便交流。这种时候，如果你什么都不问，也不说，那真的是在浪费机会。与很多人只是一味等着领导来询问自己不同，你要瞅准时机，通过积极询问更好的工作方法，或者领导感兴趣的话题来展示自己。

　　据我所知，年纪轻轻就获得成功的人士都明白上述场合的可贵性和重要性。他们总能够抓住机会，向领导提出与工

作直接相关的现实问题。不过，这几年受大环境的影响，大家都减少了外出活动，取而代之的是线上交流。在这种情况下，你可以在商谈或者会议开始前，提前15分钟进入会议室，做好相关的准备工作，包括和领导通一下气，确认好个人需要商谈的事项。你也可以在商谈或者会议结束后，保持在线10分钟左右，和领导确认好下一步的工作安排。

话虽如此，也许有人会认为即便创造了和领导说话的机会，也不知道要怎么聊下去，很尴尬。对此，我可以和大家分享一些关于如何向领导提问的小窍门。

1. 事先列好问题清单

如果是新手，谁都想向领导请教有关工作方法的问题。但因为并不能保证每天都能逮着机会向领导询问，所以平常你就应该把相关问题都记录下来，随时做好准备。

我偶尔和下属交谈的时候，如果下属对我说"我把一直都想请教您的问题列了个清单，现在可以向您提问吗"，我会很高兴。对于这样有心的下属，我会在时间允许的情况下尽可能地用心回答他。建议大家可以把想要问的问题事先写下来，如果你真的在认真工作，那么一定会有很多问题要问。

2. 询问领导在和你差不多年龄的时候，是用什么样的思维方法开展工作的

我觉得，和领导沟通的内容可以是与工作直接相关的问题，也可以是一些类似闲聊的话题。不过，根据我的经验，最简单的话题莫过于询问领导过去（最好是和自己年龄差不多大的时候）有什么样的价值观，是以什么为目标来工作的。如果你在询问时表现得非常感兴趣，我觉得这个话题是聊不完的。

3. 请教领导一些自己无法解决的问题

如果你是销售人员，可能在与顾客的一系列沟通中会发现有些问题是自己不能解决的，那么你可以向领导询问："如果换作您的话，您会如何应对呢？"领导对于每一个具体问题的回答都会让你受益良多。

4. 尽可能不要提用"是"或"否"那样一个字就能答复的问题

比如你问领导"这场电影好看吗"，领导往往用一句"还可以"就应付你了。如果你问领导"您最近打算看什么电影"或者"有改变您人生的电影吗"等问题，那么可以聊的话题

自然就多起来了。而且通过这样的询问，也许你还能更进一步了解领导的价值观等重要信息。

其实，在我看来，进步快的人和原地踏步的人之间的差别并不在于个人资质，而在于他们是否善于把高人的见识和时间变成自己成长的资源。当然，因为有了下属的提问，领导才有了说自己想说的话的机会。通过这样的对话形式，下属得到了成长，领导也敞开了心扉，并且在这种平常的、轻松的谈话中，领导也会无意识地对下属做出评价。

STEP ②

14

观察：留意关键细节，让领导另眼相看
问到点子上，让领导主动与你分享

　　如果你想快速成长，就需要先以比自己有能力的人为榜样，观察并模仿他的做事方式。例如，领导上班很早的话，你也要像领导那样早到，甚至比他更早一些到公司。工作上，你要像领导那样不找任何借口。和客户谈业务的时候，你要暗自学习领导打动、说服客户的方法。据我观察，凡是工作干得好的人都是这样做的。相反，那些工作不上进的人总是自以为是，他们看不到别人的长处，也不愿意向别人学习，而常把"那是他的思考方式，并不适合我"这种话挂在嘴上。

　　如果你想让自己变得更优秀，发挥出更高的水平，请认真、努力地去模仿你的领导。另外，对于比自己业绩好，和

自己有着不同思维方式的人，你也应该去观察他的举止，试着调整自己的一些行为。这样一来，你就更容易契合领导的愿景目标，领导也愿意把工作交给你去做，给你更多成长的机会。

如果你能与领导在相同的时间点上做同样的事情，领导会对你另眼相看，觉得你"真不错，深知我心"，对你的信赖感会大大增强。要是你能够准确读懂领导的想法，比如"现在我不希望你说这个"，或者"我希望你现在就这么做"等，你就会深得领导赏识。为了能够抓住这样的机会，大家从模仿领导如何做事开始是一个不错的方法。

讲一件大家马上就能做到的事吧。当我还是一名普通职员的时候，我曾就职于一家公司，公司的负责人叫青木仁志。我会经常观察青木先生的行为举止，并加以模仿。青木先生非常细心，也很会照顾人。比如，对于房间的温度低了、客户的茶水喝完了等小事，他都能及时发现，之后要么自己处理，要么指示下属去办。说件有意思的事，通常领导坐电梯时都是下属去按电梯按钮，但青木先生总是自己去按。尽管我下决心要比青木先生更早按下按钮，但真正做到这一点却花了两年的时间。顺便说一下，我在现在的公司还保持着自己按电梯按钮的习惯，而且目前为止还没有一名员工会比我先站到电梯按钮前。

模仿行为的基础是仔细观察，要多注意别人看不到的地方。对于不懂或者重要的问题要尝试着去询问，慢慢积累，假以时日，你就会大有进步。

在询问对方举止时有以下两个要点需要我们注意。

- 一边观察其行为举止，一边注意与平常不同的地方。
- 探寻他这样做的理由。

在我所见过的下属中，凡是工作能力强、进步快的人一定践行了上述两个要点。

另外，对于领导解决问题的关键言行，我们一定要探寻其背后的缘由。我们要仔细琢磨一下他为什么当时会问这个问题，平时出示这些资料就足够了，他为什么要特意出示别的资料，等等。

在实际工作中，有些人往往认为"关于那件事领导会告诉我的"，有这种想法的人是要吃亏的。的确，对于一些表面性的提问，领导大都是不太爱回答的。但正如前文我教大家提问技巧时所揭示的那样，领导愿意回答的问题往往最能引出他想对下属说的话。实际上，这些话里蕴含着领导深思熟虑后的想法与宝贵的工作经验和技巧。下属如果没有细心观察领导与平常的不同之处，是提不出这样的问题的。正因如此，领导会因你能提出这样的问题而对你另眼相看，并由衷地感叹："啊，他居然注意到了这一点，真是孺子可教！"

STEP ② 15

吸引：提交高质量报告，引起领导关注
仅仅报告事实是不够的，还应记录八个方面的信息

与领导进行"报联相"（汇报、联络、相谈）是职场的惯例和常识。对于领导委派的某个任务，如果你在这三个方面没有做好，那就很难被领导信赖和赏识。在这里，我们需要将焦点集中在如何提高日报的质量上。糟糕的日报，简单地说就是"让人无法提起兴致"的报告。因为记录的都是必须做的工作，所以日报一定要有凸显工作目的的内容。高质量的日报就是在如实报告事实的基础上，附带一些与领导的想法和意见密切相关的内容，甚至还要有自己的见解和建议。

从实践中提炼出自己的见解，是作为下属必须学习的技巧和具备的能力。向领导提交日报不应是走走形式，你要发

现这一天发生的事情的意义，同时将其与未来关联起来并加以考量。例如，如何围绕"今天和 A 公司面谈了，但没能签订合同"这件事写成一份高质量的日报呢？我的建议是这样的。

"今天我们和 A 公司面谈了，但没能签订合同。究其原因，我认为是我们提供的相关数据资料还不够充分。我想进一步完善，明天就把整理好的数据资料提交给 A 公司，并敲定下一次的面谈时间。"

对像这样一份完整且有针对性的日报，估计很少有人会不满意。

顺便说一下，在我的公司里，日报要含有以下八个方面的信息。

- 数字、数据等量化的业绩（工作的数量和质量）
- 客户的需求和变化（要分别记录实际情况和自己的想法）
- 竞争对手的信息
- 市场和合作伙伴的信息
- 业内同行的声音和信息（要分别记录实际情况和自己

的想法）

- 自己的感受和意见
- 对同事、朋友等身边的人的感谢和赞赏
- 新的提案或改进方案

像这样，如果你总能不断提出高质量的日报，领导就会对你说"关于这件事，按照你的想法做就可以了"或者"已经不需要我再确认了"之类的话。这就像在闯关游戏中一样，你在不断升级自己的能力，提高自主决策权。这就是我们工作的核心，也是工作的乐趣所在。

STEP ② **16**

好感：带给领导最需要的信息，提升好感度

雪中送炭，领导会更看重你

一提起"带点东西"，很多人会认为带的是在休闲时间吃的茶点等。但是从领导的角度看，他最希望你带来的是"昨天下班时说的那件事，现在有了新情况"或者"竞争对手的动态，您已经知晓了吗"等诸如此类的信息。如果你能带给领导他很关心但又因为太忙而无法调查的情况以及他尚不知道的信息，领导会非常高兴，对你的好感度也会增加。

除此之外，给领导提供关联企业的资料、自己参加培训和研讨会的资料和笔记，或者每当在网上发现与公司业务相关的信息时，立即将相关网址链接发送或者打印出来给领导……这些信息就是你带给领导的最好的礼物。

另外，为了让这份"礼物"看起来更加丰厚，请你把调查的事情和自己的意见也加进去。比如，你可以这样向领导汇报："您之前说的事，我已经做了调查。我们的竞争对手的确已经开始研究新的解决方案了。鉴于此，我们也可以考虑尝试一下其他的应对策略。"

然而，如何高效地提供领导想要的信息？我想给大家三点建议。

- 我们在提交信息时不要思虑过度，觉得领导可能不需要这样的信息，而要尽快把信息传递给他。最重要的是你有没有掌握相关信息，至于信息有无价值则不是你该考虑的。
- 注意汇报的时间节点，原则上是越快越好。
- 在如实汇报的基础上，要加入能体现信息附加值的内容。

这是一个需要反复练习的工作过程。这件事最忌优柔寡断，关键在于你有没有去做，有没有汇报让领导感到如获至宝的信息。另外，需要提醒大家的是，如果你的信息是从别人那里获得的，在向领导汇报之后，领导可能会要求你进行一些调整或者让你做进一步的调查，每每遇到这种情况，最好的做法当然是老老实实地按照要求去修正和完善。

依我所见，职场上能够发挥自主性和能动性去获取信息的职员并不多。正因如此，如果你能坚持去做，那么你在公司的价值一定会大幅提高，也会得到"工作认真勤勉""很好地处理了领导所托之事"等积极评价。

毫不犹豫地送上领导喜欢的"礼物"

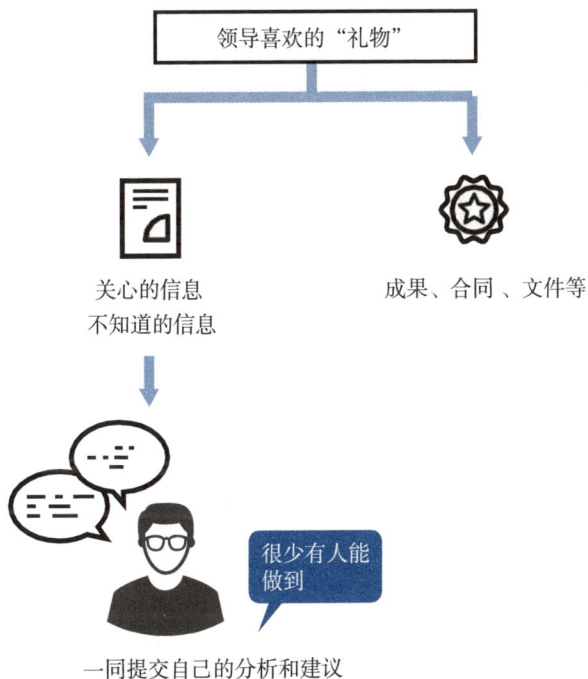

领导喜欢的"礼物"

关心的信息
不知道的信息

成果、合同、文件等

很少有人能
做到

一同提交自己的分析和建议

不要犹豫，持续地给领导提供信息，在得到反馈和进行调整
的过程中，信息的质量就会提高

STEP ②

17

修复：踏准领导节拍，及时修复信赖关系
早传达、早提交，让领导看到你的稳妥和高效

在日本现代职场中，有一种沟通方法叫"菠菜沟通法①"，说的是在职场沟通中最重要的不是根据自己的想法行事，而是要考虑对方的情况。举个例子，我的主管领导是一位女性。因为她要一边照顾孩子一边工作，所以平常会提前下班，每周大概有一次在公司加班到很晚，集中处理相关的业务。

因此，我会选择在她加班的那一天汇报工作，会在她整

---

① "菠菜"是指"报联相"（两个词的日语发音相同，谐音梗）。"报"指汇报，"联"指联络，"相"指相谈。——译者注

理完手头工作，趁她休息的间隙详细沟通。通常我会礼貌地问："我有很多事项需要您确认，您现在方便吗？"我们每次谈话，我都会注意把时间控制在半小时之内。

另外，领导很忙的时候，或者有事不在公司的时候，我会事先把她想看的资料上传到她的硬盘上，以备领导查阅。

顺便提一下，因为有的领导习惯把手机设定为 24 小时待机状态，所以大概有人会认为无论什么时候都可以给领导发信息汇报工作。但我想提醒的大家是，如果大半夜向领导汇报工作，很可能会让领导"火大"，他会觉得你应该更早向他汇报。

有的领导无论自己有多忙，仍然希望下属能够积极汇报，做好"报联相"工作。当然，也有领导并不认同"报联相"机制，不喜欢下属频繁汇报，而是希望下属独立思考，以此来促进职员的成长。

像这样，领导的类型各不相同，职场的环境也千差万别，因此在选择最适合的工作方式上，我们只能视领导的情况而定。

但需要注意的是，对于投诉、纠纷等突发性事件，无论领导是什么类型，马上进行"报联相"工作（条件允许的话最好打电话）是非常重要的。对领导而言，他们希望尽早知道坏消息。道理很简单，坏消息知道得越晚，应对的也就越晚，事态也就变得愈发严重，领导的麻烦就会越大。现实中不乏因错过最佳处置时机而导致无法补救的案例。

所以，我们绝对不能让领导觉得"如果早点告知我就好了"，要想做到这一点，你就要及时做好"报联相"工作。

会议记录和报告也是同样的道理，越早提交越好。无论在哪家公司，撰写会议记录和报告多是年轻人做的工作，但是很多时候，会议记录和报告都是在会议结束几天后才提交上来。我认为这些工作还是要尽早完成，不仅因为有些会议本身就是紧急会议，更重要的是要及时与领导和团队成员分享最新的信息。

我们就从会议记录入手，在整理的过程中请适当地融入自己的意见和解决方案，整理完之后，不要浪费时间，尽快送交领导。之所以强调一定要这样做，还有两方面重要原因。

一方面，同样是报告，提交的速度不同，得到的评价也不同，尤其是信息类的报告。当领导正在推测"大概是这样的情况"的时候，你及时地送上报告，会让领导觉得你的工作效率很高。请大家牢记，工作上超出领导的预期是非常重要的。

另一方面，对于难度不大但优先层级较低的工作，我们更不要积压在手上，而应该立刻解决，这样自己也不会有压力。说实话，会议记录和报告在工作上的优先层级并不高，当我们集中精力处理积压下来的必须处理的众多工作时，我们往往会推迟提交会议记录和报告。但随着时间的推移，信息的价值会越来越低，领导的关心程度也会逐渐下降。正因如此，如果我们能够调整工作方式，尽快处理这些优先层级比较低的工作，不仅会提高领导对我们的评价，还能够缓解我们的工作压力。

STEP ②

18

感染：注意措辞，让领导感受你的站位和热诚
主语不是"我"而是"我们"

观察整个公司，我们会发现有的人提交给领导的提案能够顺利通过，有的人却每次都无法通过。原因可能有很多，以我的经验，在核心内容完全相同的前提下，让提案更容易通过的一个方法就是注意主语不要用"我"而要用"我们"。

请大家试着比较以下两种说法。

A • 我想做网页方面的工作，请您批准。

• 我想挑战一下宣传工作。

B • 从公司的角度出发，我们是不是应该重新审视一下咱们公司网页上的信息？

• 考虑到公司未来三年的发展，我认为我们应该扩

大宣传并且积极推进营销活动。

比较之后大家做何感想？相信大家已经清楚了，即便是出于同样的目的而提出的方案，因为措辞的不同，领导的接受程度也会有很大不同。

当然，如 A 中所述，自己想这样做或者那样做的积极态度很重要，但是也要根据场合选择表达方式，尽量避免让领导和同事对你产生"任性""以自我为中心"等负面评价。作为组织中的一员，你应该有更广阔的视野和更高的站位，也就是说，你应该具有以"我们"为主体的意识，要以"我们"为主语来谈论公司的发展和部署。尤其在年轻的职员中，因为能做到这一点的人很少，如果你能做到，领导对你的评价也会有所不同。

就拿我来说，在我还是一名普通职员的时候，不太了解情况的同事也许会认为："他一直做着自己想做的事情吧。"但是，在我的心中，我始终把"公司如何才能发展""我如何才能更接近领导对公司未来的设想"作为工作的核心，并始终基于这一核心撰写策划方案、新业务计划书等。在这方面，我想公司的领导和团队成员都是理解我的。

顺便说一下，当以"我们"作为主语表述的时候，还有两个重要的问题需要注意。

第一，与其聚焦于过去和现在的课题，不如提出针对未来的有建设性的改善方案和解决路径。如果一味追究当前课题的"问题所在""不当之处"，从某种意义上讲就是对领导和同事的批评，这会招致大家的不满，甚至反抗。另外，作为团队中的一员，你这样做的结果就如同在用"回旋镖"反伤自己。

与此相反，如果谈论的是"我们要创建一家怎样的公司""这样做会怎么样"等有关公司未来发展的话题，那么效果会完全不一样。

第二，在做好上述工作的基础上，我们再向领导展示"请让我来做""我有一个方案"等想要冲锋陷阵的决心和勇气。如果仅仅是指出"公司这样做比较好"，而没有建设性的意见和积极的行动，那么领导通常也不太会有什么特别的评价。我们要做到：提案从目的上凸显"一切为了公司"，在此基础上，执行的主语凸显"由我来做"，这两条很重要。请大家一定要有"我一定能做些什么"的意识，并通过自己的言行让领导充分感受到你的决心和行动力。但也要注意，在公司里，只说想法而没有落实到行动上的人，也就是光说不练的人，是不会得到信任的。

以"我们"为主语，做想做的事

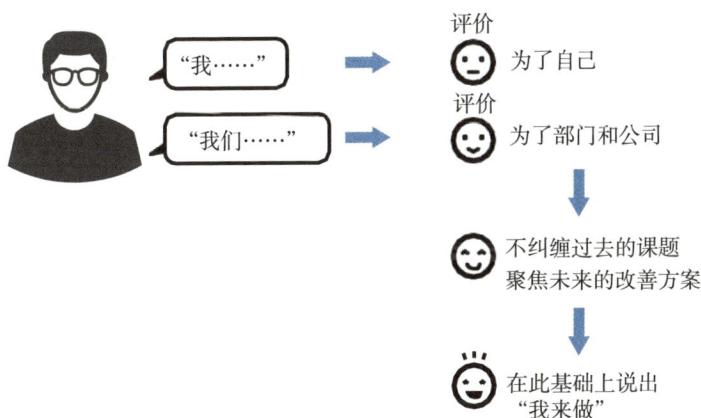

STEP ②

19

联结：建立联结，让领导把自己的朋友介绍给你
通过六个人就可以认识全世界

作为职场人自不必说，一个人能否让自己成长，关键在于能否和公司内外优秀的人顺畅交流、建立关系。举个例子，假如你从事销售工作，我想你会从你的领导那里学到很多东西，但是，你不能就此止步，因为其他部门也会有很多优秀的销售人员。

因此，你要找合适的时机试着询问领导："我想进一步提高销售能力，我应该向哪些同行取取经呢？向谁请教比较好呢？"

我们要明白，能成为"老师"的人并不限于公司内部。由于领导在公司内外都有很多社会关系，所以我们要懂得

适时地拜托领导在和客户、熟人、朋友聚会时叫上自己，或者在和其他公司优秀的职场人士交流的场合，请领导特意介绍自己。

另外，我们还要学会借助领导的人际关系，邀请各领域的专家讲师参加自己负责承办的学习会，提升活动的影响力。

我想举个例子。公司销售部有一个刚入职的年轻人引起了我的关注。因为没有什么经验，也不具备专业知识，他就拜托高管，通过领导的人际关系得到了很多帮助。这个年轻人的工作能力不断提高，取得了不错的业绩。

这里需要注意的是，如果别人给你介绍了很重要的人物，你一定要表示感谢，尤其是当你的主管领导以外的人或者客户给你介绍的情况下，强调"托您的福，让我们相识"的谢意是非常重要的。如果你恰到好处地表达了谢意，一旦有好的机会人家还会想起你。

另一件重要的事情就是，无论是你近期在酝酿什么样的课题，还是你想结识什么样的人，你都要把这些信息传递出去。我曾经多次向领导汇报自己的现状，领导得知后就对我说："这样吧，我介绍一位领导给你认识。你是不是正给 A

利用好领导或前辈的人际关系

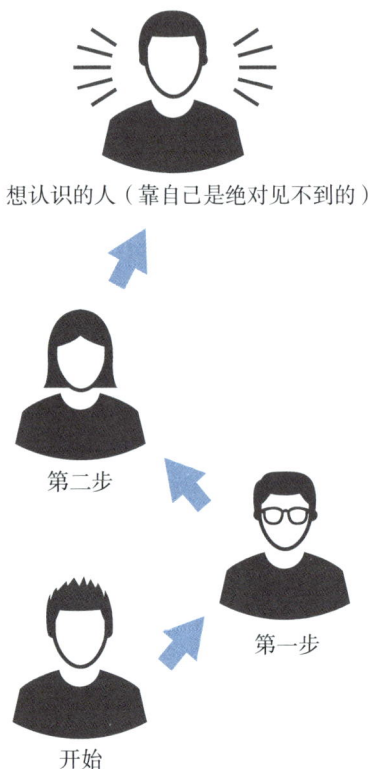

想认识的人（靠自己是绝对见不到的）

第二步

第一步

开始

公司提交方案？"正如这样，领导会把我的困难记在心上，在他的帮助下，我也解决了不少难题。

传递消息也需要技巧，有个例子可能会让大家有所启发。有一天，我的下属向我汇报情况，他问我："我想给那家公司提交一个方案，但是我不认识那家公司的领导，您和他们领导熟吗？"听了他的情况后，我就给一个朋友发了一条信息，说"我公司的一个职员很想认识那家公司的领导"。他收到信息后立即回复"那样的话，我帮你联系一下，介绍他们认识"。

这个例子说明了将信息传递出去的重要性，也印证了这种说法：我们可以通过自己所认识的人去认识陌生人，通常只需要经过大约六个人（回合）就可以与任何一个人建立联系。得益于现代社会性网络的普及，这件事似乎变得更加简单了。

从这个视角来看，如果你有想完成的事情或要达成的目标，将信息传递出去可以说是关键的第一步。

STEP ② **20**

诚信：守约是信任感的护城河
100% 遵守时间和约定

　　作为职场人士，我们要绝对遵守时间和期限，这是理所当然的。诚信是一切商业的根基，如果连遵守时间和期限都做不到，那么信任的前提也将不复存在。话虽如此，但是公司和工作并不是靠自己一个人运转的，总会有意外发生。另外，毕竟人无完人，谁都难免会有状态不佳的时候。我在这里想和大家说的并不是绝对不能在时间和期限上拖延，而是在发现自己可能会来不及的时候，应该尽快和对方协商，做出适当的应对，尽可能不给相关人员添麻烦，这才是我想强调的。

　　当到了紧要关头或者关键节点的时候，我们绝不可以说出"还是做不到"或者"还是来不及"之类的话。如果你总在关键时刻"掉链子"，不仅对方会有意见，你的领导和同事也帮不了你。

当认识到自己无法做到的时候，就应该和对方商量或者寻求别人的帮助，诚实是最重要的。

人的通病就是为了不被批评而去掩盖或欺骗，有时还会说出不负责任的十分幼稚可笑的话。从领导的立场看，那样的行为非常恶劣，知情不报会让事情变得非常糟糕。因为如果领导不能准确掌握现状如何，预计什么时候能完成工作，能完成到什么程度等信息，就无法采取适当的应对措施。如果出于自保而胡乱说一通，不仅会错失补救的机会，还会给相关人员带来麻烦。所以，我们一定要牢记不能犯这样的错误。

另外，关于期限，还请大家一定要有这样的意识。就是在确定一件事的期限时，一定要尽量把时间定得具体一些，如"星期五的中午"或者"截止到星期五的下午五点"等。有了具体的期限，对方也方便安排自己的工作计划。这里要注意的是，有很多人认为"星期五提交资料"就意味着"星期五晚上能把资料传过来就可以了"。但这种理解有些不妥，因为即便对方晚上收到了，一旦有不清楚的地方，那就要等到下周一才能沟通了，这就会耽误好几天。

在时间的设定上我们应该多替对方着想，毕竟遵守期限会不断积累自己的诚信度，领导也会觉得你做事稳妥。顺便说一个情境，假设你是某个团队的成员，你的团队经常要制作策划方案，并要按时交到客户手上，如果遇到时间很紧，比如第二天就要给客户过目的情况，你会怎么做呢？

如果是我的话，我会这样安排。首先，我会要求团队成员抓紧完成自己手头的全部工作。其次，我也会在第二天早上之前准备好团队需要的全部资料。最后，我会确认团队准备提交给客户的资料，如果没有问题，我会采用，如果看起来达不到客户的要求，我就会把我做的材料给客户看。这样的处理方式体现了我们的做事原则：在期限之前，我们必须拿出让客户满意、让客户感动的方案。

把工作分配下去的同时，也做好相关应对预案，尤其在最后的环节，由领导和前辈来"兜底"，这样做既是相互信赖的证明，也是风险管理的有效措施。

STEP ② **21**

互助：帮助同伴，让领导更欣赏你
拥有团队意识是领导看重的品质

以前，我的公司曾要求新入职的员工进行一项挑战：三个月内要向领导提交十份提案。结果有的团队用了两个月的时间便完成了挑战，有的团队却一件也没有提交。在同一家公司，同一时间段，又使用相同的资源，结果却大相径庭。为什么会这样？这里有一个重要的原因，简单地说就是觉悟的问题。

举个不太恰当的例子，假如有一个人，他的家人得了病，"必须在三个月内提交十份提案才能实施最好的治疗"是唯一的办法，那么他将如何去做？这个例子可能有点极端，但如果你是当事人，你该怎么办呢？毋庸置疑，你一定会竭尽所能，甚至近乎疯狂地去达成目标。

　　的确，对新员工来说，短期内向领导提交十份提案的要求确实有点苛刻，但正如刚才的例子所揭示的，一想到是为了换得家人的性命，一瞬间我们的工作状态就大不相同了，所以事情的本质不是是否完成任务的问题。也就是说，新员工在结果上表现出的差别实际上是"觉悟""拼搏精神""工作热情"上的差别。换句话说，就是一个人执着的强度会导向不同的结果。

　　我想再一次强调，那些想要早点达成目标的职员一定不要光想着自己，而要考虑同伴的利益和组织的整体目标。假如有 20 个新员工参与这项活动，按规定每人提交十份提案的话，一共需要提交 200 份，这就是整个团队的总目标。假设到了截止的时间，团队只完成了 104 份提案，那么其完成率大概是 50%。在这种情况下，因为还有同伴没有完成任务，如果已经完成十份提案的员工并不满足，又帮助同伴继续完成 15~20 份提案，那么总目标就有望达成。也就是说，你不能把完成自己的任务当成任务的结束，要有帮助同伴弥补差距的觉悟，并一以贯之地践行。如果你想将来有更大的发展空间，甚至超过你的领导，你就应该始终持有这样的觉悟。

　　如果你能够完成 20 份提案，就相当于替一份提案都没有完成的同伴承担了一部分任务。正因为你有这样的姿态和行动，那个得到你帮助的同伴也会在你遇到困难的时候想方设法地助你一臂之力。尽管我们做事并不是为了让别人知恩图报，但总会有好的事情回馈我们。从这个意义上说，在职场上，你不要觉得自己做完了就算交差了，如果工作上没有团队意识，没有大局观，不能根据周围的情况行事，那么将来你也很难胜任领导工作。

　　组织内的升迁，不仅靠个人的努力，还需要领导的赏识、引导和栽培。认识到这一点非常重要。可能即便我这样说，也会有人认为在工作上完全没有必要看领导的脸色，也没有必要在意领导的评价。但是我们有必要意识到这一点：站在更高平台上的人的看法对你的个人发展具有重要的影响。

	行动起来	你的答案
11	虽然觉得好，但是没有做到。试着思考有什么办法能让自己做到 ▶▶▶▶▶	
12	为了能够以健康的身心投入工作，试着写出想要改善的生活习惯 ▶▶▶▶	
13	试着把工作中遇到的困难和想要协商的事情记录下来 ▶▶▶▶	
14	适时询问领导中意的事情，并把它记下来 ▶▶▶▶	
15	如果你的日报是下属协助完成的，那就试着写出你想进一步了解哪些信息吧 ▶▶▶▶	
16	试想一下现在报送什么信息会让领导高兴 ▶▶▶▶	
17	询问领导什么时间方便与你沟通和确认相关事项，并事先做好记录 ▶▶▶▶▶	
18	思考一下要向领导汇报的想法，以及如何表达 ▶▶▶▶	
19	你现在想在工作中深入学习的内容是什么 ▶▶▶▶	
20	确认要求的截止日期和实际能完成的日期 ▶▶▶▶	
21	试着调查一下为了让团队达成目标，自己还需要做哪些工作 ▶▶▶▶	

STEP ②

"让领导成为最好的伙伴"的行动

结合自身情况，试着思考11~21的内容。对于不能回答的问题，请向领导求教

【专栏】 人生的转折点②上大学之后

　　我就读的高中是一所升学率很高的学校，但是由于我的兴趣在艺术上，所以学习成绩一直不太好。全年级一共 400 人，我的成绩排到了 370 名。高考前，母亲因为家里的经济问题，希望我上冈山大学。但是看过报考手册后，我却找不到一门想学的专业。在我思考想做点什么的那段时间，我有幸见到了当时很有人气的艺术家小室先生。受其影响，我也憧憬着能够从事动漫影视艺术创作工作。我想象着自己像一个历经世间磨砺后闪闪发光的宝石，立志要在社会上干出一番事业。为此，我翻遍了招生手册，寻找有动漫影视艺术专业的学校，但是没有找到。后来，一个我从来都没有听过的叫作工程管理的专业映入我的眼帘。冥冥之中，我感觉这个专业好像和我有缘似的，于是我就查询了一下。通过查询我了解到，这个专业的主旨是教人如何运用"人、物、钱、信息和时间"等核心要素达到成功的目的。"选择这个专业也许会更加接近我想做的事情",我这样想着并且开始查找设置这个专业的高校。之后我了解到,当时只有千叶工业大学设置了工程管理专业,尽管学校里并没有专门从事这个专业领域研究的教授,但讲师清一色由在外企有着丰富的工程管理工作经验的员工担任。当时,我非常想去这所大学,但是千叶工业大学属于私立学校,费用比较高,一想到家里的经济情况,我又觉得一切不过是痴人说梦。

可是最后我还是说服了妈妈,并发誓一定要以最优异的成绩毕业。为了凑够学费,父亲拿出了养老的钱,母亲则放下面子到处找亲戚借钱。最终我如愿以偿地进入了心仪的学校,因为心里藏着梦想,所以我和别人完全不同。在大学期间,我贪婪又勤奋地吸收相关专业知识,刻苦努力地学习。等到大二的时候,我不仅修完了毕业所要的学分,而且成绩也获得了"A"。如果考试成绩不好,感觉会得"B"的时候,我就会坦诚地跟老师说"明年我会重修,请您不要记录今年的成绩"。(待续)

遵守时间和约定

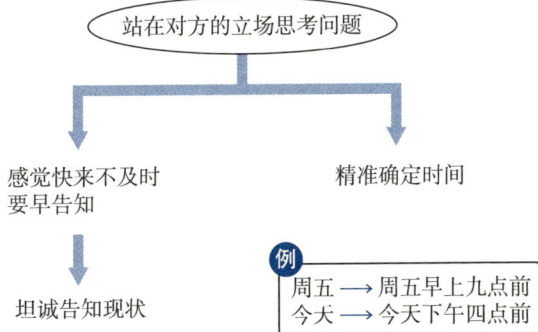

站在对方的立场思考问题

感觉快来不及时
要早告知

精准确定时间

坦诚告知现状

例
周五 ——→ 周五早上九点前
今天 ——→ 今天下午四点前

人的通病就是为了不被批评而去掩盖或欺骗，有时还会说出不负责任的十分幼稚可笑的话。从领导的立场看，那样的行为非常恶劣，知情不报会让事情变得非常糟糕。

STEP 3 借力

用好领导的资源，让领导成为你的资源。
做生活中的"孤勇者"，不做组织里的"独行侠"。
让领导支持你，帮助你，矫正你。
借力打力，
这是向上管理闯关游戏的第三步。

难度级：★ ★ ★　　　适用人群：工作3至5年 ●●
能力值：★ ★ ★　　　职场级别：黄金级 ▲
战斗力：★ ★ ★

你升级了！　　　　　成长进度条：　　　　40%

关键技能：求助和借用　　　思维转变：单干→合力

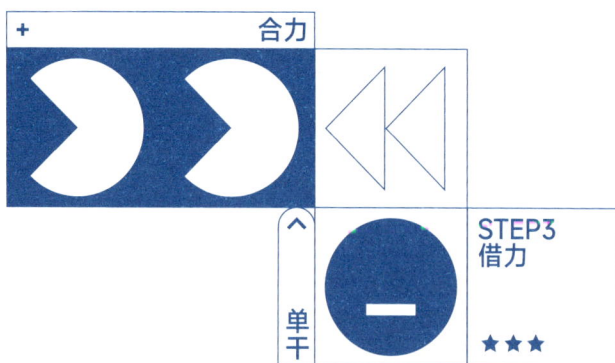

合力

单干

STEP3
借力
★ ★ ★

充分利用领导的资源，取得好业绩

我一直认为唯有执着才能创造未来。想必大家都有过这样的体验，比如一起吃午饭，当大家还在犹豫"吃什么好"的时候，如果有人强烈要求"一定要吃牛排"或者"一定要吃拉面"，大家就会满足他的要求。

这个道理同样适用于职场。因此，希望大家遇事不要马上放弃，也不要找借口说做不到，我们应该努力探求解决问题的方法。如果我们还不具备靠自己就能完成任务的能力，那么借助领导的力量来完成也不失为一个好办法。通常公司里的领导和主管的能力都比较强，而且作为团队的管理者，他们本身也希望团队成员能够取得好的业绩。正因如此，作为普通职员和下属，我们要学会充分利用领导的资源来帮助自己得到想要的结果。无论如何，拿出"我就是要得到最好的结果"这样的气势是非常必要的。

STEP ③ **22**

前提：充分沟通是向领导借力的前提条件

为确保不浪费与领导沟通的机会，请做好准备工作

在前文中，我曾提醒大家不要错过和领导沟通的机会。在这一节中，我想进一步探讨这样一个问题：为了能够和领导顺畅地沟通，我们还需要做些什么？

以我为例，我在做经理的时候，会在确认秘书安排的日程计划后，积极规划好自己事前需要做好的工作。比如，我会规划可以和大家一起吃午饭的时间、批复相关文件和报告的时间，以及一边吃晚饭一边听取大家的想法的时间，等等。因为做好了事前规划，所以大家都说我是公司里最有时间沟通交流的人。

我建议各位在开始具体商谈之前就做好相关的准备工作，这样做有诸多好处。比如，因为是非常难得的沟通机会，所以见面当天你不会就这么"空手"赴约。你甚至可以以此为契机，整理一下包括提案、计划或关于一些棘手课题的想法在内的个人工作上的情况。有了表达自己想法的机会，不仅你的工作积极性会提高，你也会在发现问题后通过交流和沟通，更加及时地解决问题。

我也会利用这样的机会，向公司寻求帮助，如确保相关人员知晓、委托业务部门协助、保证预算资金到位、建立公司外部的人际关系等。我会发现在相互协商之后，一些仅仅靠自己无法完成的工作会变得容易很多。

在工作之余多进行交流和沟通还会有助于你更好地确认领导的目标和方向，确认自己必须做的工作以及领导对你的期待。为了达成目标、取得好结果，我会一边积极地推进自己的建设性意见和要做的事情，一边检查自己的想法和领导的目标是否有偏差。这样一来，不仅是我，一起工作的同事和团队成员都会参与进来，共同商讨。

我非常希望大家能够这样去做，当然，也会有人认为

"像我这样的人，和管理层或领导如此频繁地见面，会让人觉得很不好意思"。作为经营者，我要给这样想的人一个建议：没有必要顾虑太多，下属积极的行动不仅不会招致领导的厌烦，反而会受到欢迎。下属说"请给我一些时间，我想和您谈谈"，这是工作积极的表现，听到这样的请求，领导应该都会感到高兴吧。

顺便说一下，在我的公司里，为了让员工能够及时了解我的日程安排，我共享了"谷歌日历"。和谁见面、去哪里出差等商务行程自不必说，就连我几点接送孩子、哪天参加婚礼等安排也会全部公开。如果有员工想和我交流，看了公开的日程安排后就可以和我预约时间了。我想能做到这种程度的领导应该不多吧。

与领导沟通的益处

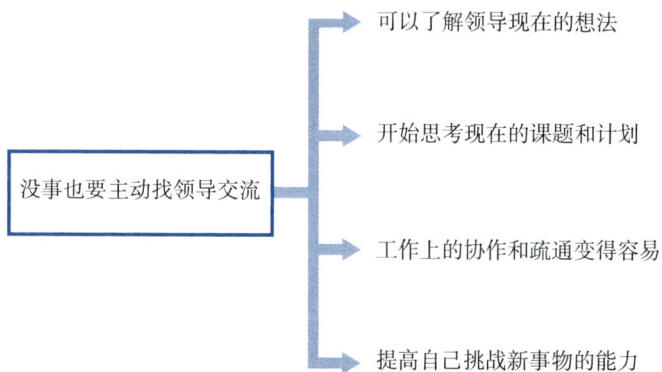

没事也要主动找领导交流

→ 可以了解领导现在的想法

→ 开始思考现在的课题和计划

→ 工作上的协作和疏通变得容易

→ 提高自己挑战新事物的能力

STEP ③ **23**

求助：依靠领导的力量达成合约
精心准备，发挥领导的最大作用

有人觉得请领导出席合约的签约仪式会很麻烦，他们会觉得与其如此，还不如自己努力去推进。但是，我认为一个人的力量总是有限的，如果能依靠领导推动合约达成，不失为一个好的方法。

原因很简单：一是有可以依赖的人给你提供帮助，尤其是领导的参与，会让事情变得更容易；二是在领导给你提供帮助的过程中，你可以获得很多学习的机会，让自己得到成长；三是从客户的角度看，能够有机会与你的领导相识，未尝不是一件有益的事情。

在展开本节内容之前，我想重新确认一下大家容易忘记的要点。这个要点就是我之前提到的，在判断我们应该做什么的时候，我们先要以"客户的最高诉求"为中心来思考问题。例如，我们无论是邀请领导参与合同的签订、确定时间和期限，还是实现自己的成长与公司的发展，都必须首先考虑客户的利益诉求。

如果在这个问题上，你有所忽略，甚至忘记了"公司的利益在前"这条原则，而只为自己考虑，那么你就很难达到所期望的"获得成长""获得高度评价""赶上领导"等目标。如果你还没有落实这条准则，希望你能通过阅读本书，将它牢记于心。

言归正传，当领导与我们一同参与包括签订合约在内的相关活动时，我们需要做好以下工作。

- 事前向领导详细汇报相关的信息。
- 和领导分享你对相关问题的思路和计划。
- 为提案准备好材料。
- 与客户沟通，确定好时间、地点和联络人等事项。
- 从一开始就要观察和研判领导的言行意图，并据此细化相关程序和可能涉及的领域，做好充分准备。

无论是经验多么丰富的领导，如果对一些细节和个别事情不太了解的话，也很难做出准确的判断，很难向客户提供最优的解决方案。另外，确保准备工作万无一失，当然也是对客户负责的一种表现。

关于上面的第五条，需要进一步说明的是，准备工作一定要按照既定的流程有序地展开，比如首先是发表自己的看法，其次是听取意见，最后是制定并提交方案，总之是要按部就班地一步一步地展开，哪怕在其中某个环节上并不能得到领导的助力，我们也要有毫无遗漏地完成全部环节的意识和定力。

顺便说一句，如果我是一名刚入职的新人，陪同领导出席商业活动时，在得到允许的情况下，我会通过录音、记笔记等方式把领导的发言记下来（也不是一字一句地死记硬背）。

当我和客户沟通的时候，我就会努力再现记忆中领导的看法，并就相关内容逐一与客户进行确认。比如"领导为什么对这个时间提出质疑"，或者"提出这一方案的理由是什么"等，我会一一向客户说明，这其实也是我的分内之事。

STEP ③ **24**

学习：请领导参加分享会，学习他的经验和方法

让其他部门的领导参与进来，创造学习的机会

提高自己成长速度的好方法之一，就是利用好分享会，也就是我们说的学习会。根据情况，可以考虑由自己来主办，邀请同事一起参与，尤其务必邀请领导来担任讲师。

实践证明，请领导担任讲师有很多好处，最主要的好处有三个。第一，可以学习借鉴领导多年积累的经验。第二，因为是自己策划的学习会，所以可以通过有针对性、有选择的提问获取自己想要的信息。如果是在线上召开的，你可以把自己的想法录下来，放给领导和参会的同事听，获得他们的反馈意见。这样做能够碰撞出不一样的灵感，也能让你学

到不少新东西。第三，因为是自发组织的学习会，形式上比较宽松，所以可以邀请其他团队或部门的领导担任讲师。如果有比主管领导能力更强的领导，你可以大大方方地向他学习，也可以借此了解其他部门的业务，拓宽自己在公司内的人际关系。

另外，对领导而言，下属积极主动地策划学习会，并邀请自己担任讲师，是一件非常令人开心的事。根据我的经验，领导是不会拒绝参加这样的学习会的。

在我主持的学习会上，我经常会假定遇到各种各样的客户，然后据此变化自己的角色，一边进行着角色扮演，一边听取领导的意见，根据反馈的信息调整自己在面对不同客户时的应对方法。年轻的时候，我几乎每天都在做这样的事情。如果你是从事销售工作的，建议你可以每天都尝试这么做。

学习会还是选择在早上开比较好。早上大家的学习热情比较高，而且可以把学到的东西立即用到当天的工作实践中。相反，如果把学习会安排在工作结束后，大家都累了一整天，在身心俱疲的状态下学习，就很难入心。另外，考虑到团队成员出行的情况，我认为把学习会的时间定在早上9点比较合适。开学习会真的是非常好的工作方法，让我受益匪浅。记得我曾在某次工作会上向领导汇报"因为接受了您的建议，后面的商谈非常成功"，在表达谢意的同时，也算是给领导和讲师送上了最好的礼物。

需要注意的是，因为是让领导在百忙之中抽出时间来支持你的工作的，所以不要轻易取消约定，否则容易得到负面的评价。既然你拜托了领导，就一定要如期执行。

开学习会的好处

① 从领导的经验中受益

② 能够策划自己想做的课题

③ 邀请其他团队和部门的领导担任讲师，从而建立起人际关系

④ 邀请领导担任讲师，让领导充满激情

⑤ 早上开会能够让人热情高涨，当天就能把学到的东西用于实践

如果参会人员无论如何都凑不齐的话，
可以在周末召开线上学习会

STEP ③ **25**

借用：用好领导的资料
不要"拿现成的"，还要学思维方法

对职场人而言，尤其是新职员，领导曾经制定、使用过的提案都是非常宝贵的资料，如果能征得领导同意，有幸阅览或者使用这些资料，那会让你受益良多。

虽然公司或部门都会共享一些文件资料，但是如果可以的话，还是希望能拿到领导用过的资料为好。因为像领导这样工作能力强的人会在方法、工具的筛选上下很大功夫，也会不断试错并总结经验，所以，如果能得到他们的这些宝贵经验，对你而言真的是在走捷径。

我们可以这样拜托领导："刚才在陪同您洽谈的时候，您所使用的资料真是太棒了，内容简明扼要，客户对此也非常感兴趣。我也可以使用这些资料吗？""实际上，下周我想给我负责的企业提交一个方案，但是目前掌握的资料还不够充分，您能将这些资料借给我看看吗？"

如果是涉及销售方面的工作，我们可以询问领导是如何管理工作的，怎么做才能够提高效率。如果可以的话，尽力请求领导将他使用的任务管理方法教授给你。

这里有几点需要大家注意。

第一点，不能让领导感觉你只是单纯地想让工作变得轻松。即便是领导，对于工作上过于松垮的员工，他当然不愿意将自己千辛万苦得来的宝贵经验和资料提供出来。有鉴于此，我们也有必要向领导展示出自己努力和积极思考的姿态。

第二点，不能只索要材料，还要向领导询问使用方法和技巧。无论多好的资料，如果不知道它的使用方法和使用要领，也无法发挥其真正的作用。例如，什么时机说、用什么样的语气说、提出什么样的条件才能有助于达成交易等，如果对这些你都不得要领的话，那真的是浪费了。相反，尽管你拿到的只是很普通的材料，只要方法得当，也会让其成为强大的工具，达到事半功倍的效果。所以，从这个意义上说，学到使用资料的方法要领是非常重要的。

再补充一点，如果自己的业绩不是很突出，能把领导、公司的业绩和成功案例融入自己的谈话也是可行的。

我们可以说"我们公司认为关于公司产品的价值和社会意义有三点是非常重要的"或者"我们公司有过这样一个成功的案例，客户采用我们的方案后，经营迎来了重大转机，虽然我不是负责人，但我可以细说一下事情的经过……"像这样，我们可以把这些积极的信息传达给对方。通过对案例的深入研究，即使自己没有丰富的经验，也可以将公司或前辈的业绩展示给对方，从而赢得对方的信赖。

正因如此，我们必须了解领导是如何成功完成任务的。为了能够像当事人一样详细讲述整个事件经过，我们有必要从领导那里获得更具体而翔实的信息。

STEP ③ **26**

疏通：事前沟通，更容易得到领导的支持
让关键人物站在你这边

　　我想很多人都有过这样的经历，当你在公司提议要做一件事情的时候，有人会说"我没听过"，然后严厉地指出你准备得不够充分，或者认为你是在感情用事，总之，就是反对你的提案。

　　如果出现这种情况，归根结底还是你事前准备得不够充分。看起来只不过是提交了一项新的提案，而它却有可能会改变公司的内部规则。所以，特别是必须和其他部门合作行动的时候，为了让事情顺利进行，防止别人无谓地横插一脚，你要事先找领导沟通。

　　如果一开始没有和关键人物商量，也没有让他站到自己

这边，到时候因为各种原因而遭到反对，那么再好的提案也有可能泡汤。

对年轻职员而言，能通过事前通气或者用策略性的方法压制、规避这种不合理的反对意见尤为重要。回想起来，在我还是年轻职员的时候就没有充分明白其中的道理。

记得有一次我向直属领导提出一个项目的策划方案时，领导语重心长地对我说："我知道了，但是你最好事前稳妥处理好这几个人。"听了领导的话，我恍然大悟。的确是这样，只有和那几个人沟通后再开会，方案才有可能顺利通过。我从这件事中吸取了经验教训，也掌握了这套方法。

当你开始做一个新的项目的时候，尤其是你要改变原来的做法和规划的时候，很容易遭到周围人的强烈反对。所以，我们不能只考虑方案的内容，还要考虑实现方案的方法和路径。越是关键时候，越要利用好"领导"这张"王牌"。

如果是关于对外的提案，领导可能会说"你和某某（前辈）一起参与的话，通过率会更高"或者"和其他领导商量一下，如果有其他部门协助的话就可以定下来了"，等等。在这种情况下，你如果因为部门不同，觉得难以沟通而什么也不做，那么你的方案很可能会失败。

眼看着方案这样失败真的非常可惜。我们必须行动起来，动用公司所有可以动用的资源，把能做的努力都做到，总之要尽全力去沟通协调，确保得到最好的结果。

进一步说，这种事前沟通的请求本身就是对直属领导的"刺击"（如同拳击里的刺拳，力量不大但有很好的牵制效果）。以此为契机，领导要认真思考自己的想法和想要做的事情，要看清问题的本质。请求领导事先做好准备的过程本身就是契合领导愿望的过程。如此行事，你更能得到领导的协助，把握住机会的概率也会随之大大提升。

当然，这和刚才提到的为其他部门做准备工作的意义有些不同。如果自己想做的事情牵涉到同事，最好先和领导沟通好。如果是我的话，我会先邀请同事一起吃饭，席间详细说明我想要做的事情，再热情地邀请他一起做。在此基础上，我会这样和领导说："现在，我想做一件有挑战性的事情，这件事情是……因为我要在做好日常业务的基础上才能开展这项工作，所以可以让同事也参与进来吗？"这个时候，一定要向领导强调"为了确保做好日常业务，才考虑组建的团队"。如果你持有这样的态度，不仅容易得到领导的许可，而且可以组建一个能干事的团队，你成功的可能性自然就提高了。

STEP ③ **27**

上报：尽快上报问题，获得领导的帮助
有些问题，自己无法解决

　　我们在从事有挑战性的工作时，疏漏和投诉在所难免，尤其新职员更是容易遇到这种情况。这个时候，最重要的不是想着自己来解决问题，而是尽快上报领导，确认应对的办法。而且，我们最不能做的事情就是设法掩盖错误。

　　不能掩盖错误的理由是公司会因此失去客户的信赖，领导会因为你掩盖错误而错过解决问题的最佳时机，导致问题越拖越严重，最后变得难以解决。对新职员而言，发生问题后，能给他提供最大保护的就是自己的领导。正因如此，我们在感谢领导庇护的同时，也要牢记掩盖错误会给领导增添更多的麻烦。当出现失误的时候、被投诉的时候、感觉非常棘手的时候，哪怕你会因此被领导训斥，哪怕你会因此得到不好的评价，你都不能犹豫和迷茫，请立即向领导报告，并商量对策。"海因里希法则"认为，每个重大事故背后都会有 29 个轻微事故和 300 个异常状况，因此，如何将风险等级管控在较低阶段，从而防止重大事故的发生是非常重要的问题。风险评估实际上就是从客户的视角审视公司日常发生的微小的失误，并将其视为客户的困扰和诉求。我们要追求精准的风险评估，甚至对于有些问题，客户尚没意识到，但是负责人要意识到。

关于这一点，我想从领导的立场指出的是，没有意识到，或者因为没有注意到而导致了错误的发生是没有办法的事情。但是如果明知道"这样做就好了"，或者"和公司通个气就好了""和领导好好说就好了"，但是没有去做，结果导致了失误的发生，那就有很大的问题了。

道理不言自明。前者的失误是由于自己水平不够、能力不足造成的，所以只要努力学习就会有所改善。但是后者如果不能保证以后不再明知故犯的话，那么无论怎么学习，今后还是会不断发生同类的问题。

举个例子，假如为了这个月能拿到合同，明明已经和客户约好了月末商谈，但是由于对方忘记了约定，导致面谈被迫改期了。在这种情况下，我们尝试着比较以下三个人的处理方式。

A 毫无隐瞒，坦率地向领导汇报，自己不知道要事前再和客户确认一下约谈的时间。

B 在研修课上已经学习过基本的商务知识，也参加过在职培训，尽管如此却还是疏于确认，事情发生后也没有告诉领导，反而为了掩盖错误把责任推到客户身上。

C 和对方确认了约谈的时间，但是没有得到回复，心里明知道这样下去可能会有麻烦，但还是没有向领导汇报。

也许这是一个极端的例子，但我在意的是它说明了一个重要的问题，即明明注意到了却还让错误一再发生，或者意识到问题却没有向领导汇报，任其恶化。造成这个结果的原因是下属自身的散漫？是对领导有所顾忌？是缺乏自信，没有责任感？还是和领导之间毫无信任可言？面对这些疑问，作为领导必须和当事人好好谈谈，让他充分认识到问题的严重性，督促他采取必要的行动加以解决。

最近，在人际关系上习惯回避冲突的人越来越多，但是如果感觉到有什么问题的话，还是当场好好沟通为妙。我经常在公司里说"谨慎"和"担忧"是不同的。担忧是必要的，但是不能对一切都谨小慎微。为了客户，为了公司，如果你发现任何反常的情况，一定要向领导汇报，而不要因为所谓的谨慎而沉默不语。只有第一时间做出反应才是真正为你，为部门和公司，也是最终为客户提供保护的唯一正确的方法。

STEP ③ **28**

把关：提交前先请领导过目
请领导当你的审核官

让公司外部的人看自己制作的文件或资料前，或者自己担任会议报告人在众人面前讲话前，即便没有特别规定要让领导过目，也要事先演示给领导看，让领导当审核官，给你把把关。

也许有人会觉得让领导过目，要是领导指出很多问题的话，会很麻烦，不如自己做就好了。如果持这样的态度，结果就是自己给自己"挖坑"。

让领导当审核官的好处是，领导要是觉得没问题，那我们就可以充满自信地面对客户。退一步说，如果领导说没问题了，即便结果不太好，或者发生什么纷争，领导也不会苛责我们。

通常来讲，我们给客户展示的内容完成度是最终提交成果的80%或90%就可以了。如果在内容完成度为60%的时候，请领导看看，提提意见，那经过指点完善后，我们展示的内容完成度可能会达到100%，甚至能超出预期。

需要提醒大家的是，为了达到这样的效果，我们必须预留足够的时间，如果在临近期限的时候才给领导看，那留给自己修改的时间可能就不够了。

以我为例，如果需要在两周后把材料提交给客户，我会在日历上标注两个内容。一个是"实际交给客户"的时间，另一个是提前一周"让领导过目并反馈"的时间。

事前划分两个时段的好处是，在工作开始的时候，就能够在心里清楚地设定好工作的进度。相反，如果只是把展示给客户的时间作为日程安排的节点，那很可能会在差几天截止之前才着急忙慌地准备材料。可是你如果要提前一周就把材料交给领导过目，那自然就会把那一天当成截止的时间。你会为此做很多准备工作，所以根本不存在来不及交给客户的情况。而且，因为提前一周得到了领导的建设性意见，所以你可以用一周的时间更好地完成最终的结果。

到目前为止，我们已经说了很多有关如何让工作完成度达到 100% 的话题，如果你有更长期的职业规划，那么将领导当成审核官还会让你获得其他好处。那就是我们在现有业务的基础上挑战其他业务的时候，能够充分地向领导展示自己的能力。

例如，当你希望领导让你担任讲师的时候，你可以在自己研究、练习的基础上，请求领导给自己一些技能上的指点。或者当你制作策划方案的时候，我们可以对领导说"我现在正在思考阶段，之后可以请您看看吗"，拜托领导给予指导。

如果领导看过后觉得相当不错，那么在下次进行人事变动和机构调整时，你很可能会获得好机会。

通常，领导对于下属正在做的工作多少会有一些了解，但是对于下属在新的领域上的能力却并不了解。因此，作为下属，我们要主动创造条件让领导看到和了解自己真正的实力，从而获得更高的评价。

STEP ③ **29**

矫正：及时请领导帮你调整目标
领导会发现你意识不到的问题

为了取得业绩，你应该从目标开始倒推，制定好具体的日常工作日程，并严格执行。

假如从想要完成的目标倒推，需要平均每天完成三件任务的话，那么你就必须拿出"既然决定每天要做完三件任务，就一定要做到，绝不可以只做两件就了事"的态度，要做到每天都不可以输给自己。

话虽如此，现实中也会有做不到的时候。出现这种情况并不意味着你说话不算数，你可以改为规定自己两天完成六件任务加以弥补。如果第二天还没有做到，就规定三天完成九件任务，以此类推。我们要有像棒球选手那样执着于保持

"三成以上击中率"的感觉，千万不能中途放弃。

这种方法无论是用来减肥还是备考都是有效的。总之，无论做什么事，能够稳定取得好成绩的人通常都会有这样的思维方式。

这样做还有三个好处。第一是能够明确每天该做的事情，并养成习惯。第二是能够通过点滴积累每天的小胜利，最后取得大的胜利，掌握常胜之道。第三是能够通过"平均至每天的小目标"来保持不懈的动力。

在我的印象中，坚持三个月到半年，你所做的事情就会显现出某种结果。也就是说，假设你从现在开始一项工作，经过三个月到半年，结果就会通过你的行为显现出来。因此，从自己想要达到的目标开始倒推，每天都要完成小目标是非常重要的，如果能够持之以恒的话，慢慢就会养成习惯。相反，最糟糕的是养成失败的习惯。我在后文中会提到，相信自己充满了可能性是非常必要的，如果形成了失败的惯性思维，那么你将一事无成。要养成胜利的惯性思维，把握常胜之道，唯有每天不断积累。取得一天一天的小胜利不是要战胜同期的竞争对手，而是要战胜今天的自己，并构建未来理想的自己。为此，我们必须一边工作一边反思要成为怎样的自己，今天是否朝着这个目标努力了。我想这个努力的过程必不可少，而且非常重要。

对我们而言，每天都贯彻既定的工作日程，还有其他好处。每天在工作上的胜负较量，会让你很容易看清自己的状态。如果不能够顺利推进，那就尽快与领导沟通，在领导的指导帮助下，尽快调整状态，修正轨道。

如果你看重结果，却得到了不好的结果，那就应该尽快和领导、同事商量沟通。这是我们必须做的事。

事情的结果会受到各种因素的影响。举一个电话营销的例子，你对客户的态度、说话的方式、语速和语气等与你的准备程度、自信度和作为职场人的意识以及身心的状态有莫大的关系。如果这些因素能够向着有利的方向融合在一起，你就会变成一个有魅力的推销员，客户可能会在几十秒内就觉得听你说说也不错。

这看起来是一件微不足道的小事，但是在所有的要素中，如果某个要素成为一个大的问题点，那么无论其他事情做得多好都无济于事。相反，如果关键问题得到了解决，结果可能大不相同。

对于工作中的一些小问题靠自己是很难意识到的，另外，能够做到每天一边看数据，一边分析并修正的人也是极其少的。正因如此，在每天完成自己的既定工作的同时，对自己的工作进程进行审视，如果发现问题也可以及时地与领导沟通商量。如此行事，你的工作质量也会大幅提升。

STEP ③

30

态度：用你的诚意打动领导
领导愿意帮你，是因为你已全力以赴

有强烈主人翁意识的人不需要借口。因为对他们而言，此时自己做了什么才是最重要的，所以他们不会把原因归咎于环境和他人。

举一个例子，大家就会明白有无主人翁意识的区别。假如有一位下属，为了制作一份重要的方案，需要尽快与客户联系，从客户那里拿到一份报告。

领导：联系客户了吗？

下属：联系了。

领导：之后怎么样了？

下属：还没有联系上。

领导：哦……这都啥时候了？！你是什么时候联系的？

下属：一周前发邮件联系的。

领导：客户有什么反应？

下属：客户没有回邮件。

领导：那你也不能干等着啊！

下属：因为对方没有给我回信。

领导：这期间你又做了什么？

下属：我给客户打了电话。

领导：之后什么情况？

下属：客户没有接，也没有回电话。不知道为什么他
　　　不回。

领导：没有电话留言吗？

下属：不支持电话留言。

领导：那也可以用微信联系啊！给对方公司打电话，请
　　　前台代为转达，因有急事，请他立即联系。如果
　　　都不行的话，离的也不远，直接去拜访也可以解
　　　决啊！

下属：的确如此……

领导：……（生气）

像这样，领导提出一连串的问题，实际上是在说明一个道理：作为对接人，要有主人翁意识，在截止日期之前，为了能够联系上客户，应该竭尽全力。

的确，下属给客户发邮件没有得到回复是事实，而这也成了下属没有完成任务的理由。

但真正的经过应该是这样的：客户没有回邮件→下属也没有想尽一切办法→因此最终没有完成任务。

这个例子反映出下属能力的低下。在完成目标的过程中一旦发生一些意外的事情，有些人往往就会把原因归咎于他人和环境。其实这个时候最重要的应该是积极思考自己如何做才能改变状况，并付诸行动。

当你没有达到想要的结果的时候，你应该尽全力去做，并且要让领导同样认为你已经做到那种程度了，做不到也是没有办法的事，而不是到处找借口。

STEP ③ **31**

准备：一开始就让领导帮你扫除障碍
接受挑战，但要学会让领导为你创造条件

关于借口，我们需要再深入思考一下。

我从年轻时开始，在被委任看似艰难的工作时，或者被预设很高的目标时，从不会在一开始就找借口，而是专注于思考怎样做才能完成任务。

话虽如此，一般而言，面对从来没有做过的或者是目标过高的任务，缺乏自信也是在所难免的。

每个人都有自己的个性，这无可厚非。但是如果在被领导委任或者指示的阶段产生了不安或不满的情绪，就应该和领导沟通，尽快将这些情绪消除。如果什么准备都不做就开始行动的话，最终遇到工作上的不顺利，我们就会找一大堆

借口来为自己辩解。

如果你因为被委任了艰难的工作或被设定了很高的目标，因此而产生不安、不满或疑虑，你应该这样和领导沟通。

- 很抱歉，这项工作超出了我的能力范围，可以请您再考虑一下吗？
- 因为不想在没做完的时候找借口，可以请您确认这几个问题吗？
- 我没有做过那个市场，可否请做过那个市场的某某来指导我一下？
- 这是目前为止您给我定的最高的目标，可否告诉我设定这个目标的依据和您的期待吗？
- 这个目标值，我觉得可以做到，但如果提高几个百分点的话，凭我一己之力恐怕难以做到，能请您一起想办法吗？

像这样，从一开始通过沟通、交流来打消不安和疑虑，让自己轻装上阵是十分必要的。

不要找借口，这是最基本的，但绝对不是不可以表达担忧。俗话说，"把丑话说在前头"，如果要说，你要从一开始就提出来，后面绝不能再找借口。

相反，站在领导的立场上，从最开始的阶段就能够听到下属的所有顾虑是非常重要的。

找借口的人和不找借口的人的区别

有主人翁意识的人

· 自己做了什么最重要，尽人事听天命
· 被分配任务的时候思考怎么做才能成功
· 对感到不安的地方一开始就找领导商量，事先解决

没有主人翁意识的人

· 怪罪别人和环境
· 知道自己做不到的时候慌忙找借口
· 即使自己不想接受也要硬着头皮继续做下去

不是绝对不能找借口
而是不能事后找借口

STEP ③ **32**

影响：与优秀的人同行，才会被正向影响

领导就是你身边最优秀的人

商业领域有一件有趣的事：就像刷新纪录那样，我们在工作中需要不断地更新内容。无论是组织还是个人都是如此，如同田径比赛，如果有人"100 米跑了 10 秒"，就会有人尝试"100 米跑 9.98 秒"。假设公司里的纪录是 10.83 秒，我们就会很自然地想要超越它。在奥运会赛场上，任何一个选手都想尽一切努力超越自己过去的最好成绩。从这个意义上说，挑战本身就具有意义，同时挑战也能很好地磨炼自己。

现实中，面对困难的任务，有些人只会找做不到的借口，或者和一群做不到的人凑在一起抱怨、说别人的坏话。这样做的好处就是在很多方面会让你感到比较轻松，因为和不如

自己的人交流会让自己更有优越感，更能维护住自尊心。相反，如果以比自己水平高的人为标杆，自己的地位就会相对降低，就会被自卑感和劣等感所侵扰。

每个人都有不同的选择，但我觉得，作为职场人，我们理所当然要以高水平为目标，像刷新纪录那样，不断地呈现一个更新的自己。

这里关键的问题并不只是一味地增加努力的量，而是要分析创造纪录的人是如何做到的。前文以田径比赛为例，假设有一个选手突破了 10 秒大关，我们就需要研究和分析这个选手是在哪里训练的、如何管理饮食的、穿的什么鞋、使用什么装备等一系列问题，然后取长补短，进一步提高自己。

日本有一位运动员叫武井壮，他从上大学时就开始练习十项全能，立志成为冠军。为了了解顶尖选手是怎么训练的，他努力请求和日本最优秀的选手一起训练和生活。实际上，武井壮在训练了几年之后，就获得了日本田径锦标赛的冠军，而且成绩非常优异。这个例子说明，深入研究最优秀的人是怎么成功的，是你获得成功的捷径。

相反，最不可取的是模仿那些毫无成绩的人，如前文所说的那样天天和那些一无所成的人凑在一起插科打诨。长此以往，你就会被出不了成果的思维和行为模式所同化，让自己也变得毫无斗志。对于年轻人而言，这是最可惜的事情。

优秀的人都有一个让自己变得优秀的公式。他们并不是偶然才变得优秀的，而是付出了持久的努力。

希望你们能够学习优秀的公式，不断突破组织和自己固有的能力范围，让自己变得更加优秀。

STEP ③

『充分利用领导的资源』的行动

	行动起来		你的答案
22	即使没有特别的预约，也要尝试先和领导沟通	▶▶▶▶▶ ▶▶▶▶▶	
23	领导的说话方式和谈判方式中有哪些优点，值得学习的地方在哪	▶▶▶▶▶ ▶▶▶▶▶	
24	尝试思考如果请领导当讲师，如何设定学习会的主题	▶▶▶▶▶ ▶▶▶▶▶	
25	尝试询问领导为了提高效率所使用的独特的资料和工具	▶▶▶▶▶ ▶▶▶▶▶	
26	尝试列举一些需要领导协助才能顺利进行的事情	▶▶▶▶▶ ▶▶▶▶▶	
27	有没有自己绝对完不成的工作？试着列出解决的办法	▶▶▶▶▶ ▶▶▶▶▶	
28	把做好的资料给领导过目，并做好后续记录	▶▶▶▶▶ ▶▶▶▶▶	
29	把目标和定额以天为单位拆分，试着估算一下每天需要完成的量	▶▶▶▶▶ ▶▶▶▶▶	
30	举一个自己凭借主人翁意识而取得成功的例子	▶▶▶▶▶ ▶▶▶▶▶	
31	试举出为了不让自己找借口而注重细节的例子	▶▶▶▶▶ ▶▶▶▶▶	
32	试着整理目前为止自己最好的业绩（销售额、客户预约次数等）	▶▶▶▶▶ ▶▶▶▶▶	

结合自身情况，试着思考 22～32 的内容。对于不能回答的问题，请向领导求教。

【专栏】 人生的转折点③就业之前

当我修满毕业所需的学分后，就着手学习相关专业知识并参加各种就职活动。当时，Windows 95 系统刚刚问世，智能手机还没有出现。那时的我已经开始策划"振兴城镇"等主题活动。那是我和当地人一起策划的，算是规模较大的活动。

随着参与的人越来越多，在我成为十多个团体的负责人之后，我感到自己在人事管理上越发不顺畅，也是从那个时候开始，我对"如何管理人"的兴趣越发浓厚。大约在同一时期，我母亲开始学习心理咨询（她从事家庭教师和教育机构讲师工作），我也因此有幸被邀请去参加一个活动。这个活动是为了让美国少年教养院的孩子们回归社会的一项野外教育项目体验会。正是在这个活动上，我结识了公司当时的经理青木仁志先生和他的夫人。凭借个人能力，我当年以第一名的成绩进入了这家公司。之后，因为我想继续攻读硕士学位，青木先生就对我说："那就一边读研究生，一边工作好了。"
为了锻炼能力，我开始做兼职。后来我才意识到，我想
从事的工作与作为公司核心业务的人才培养工作，没有
什么不同。

于是我把自己的想法告诉了母亲，母亲听完后就问
我："你非做不可吗？"母亲之所以这样说实际上是在
提醒我，因为我家有个祖训，"非做不可的事一旦失败
了就不要再做"。被母亲这样一问，我才觉得以前我并
没有尽全力做事。从那以后，我改变了工作态度，比
任何人都起得早，比任何人结束工作都晚。就在这个时
候，我又有了新的发现：一些主题活动可以暂时给人带
来活力，但没有持久性，而教育却是只要人还活着就会
持续影响他的身心和行动的一件事，它对人的变化和成
长一直都有贡献。我立志要在 45 岁之前创造一个这样
的环境，这就是我对公司未来的设想。（待续）

但是，我认为一个人的力量总是有限的，如果能依靠领导推动合约达成，不失为一个好的方法。

STEP 4 承担

提升自身价值，就能放大交换系数。
独当一面，你就成了领导资源链中不可或缺的一环。
主动闪光，勇于承担，
为领导分忧，为信任加码。
这是向上管理闯关游戏的第四步。

难度级：★ ★ ★ ★
能力值：★ ★ ★ ★
战斗力：★ ★ ★ ★

适用人群：工作5年以上
职场级别：白金级

你升级了！

成长进度条：　　　　　　　　　80%

关键技能：协助和分担　　　　思维转变：干活→抢活

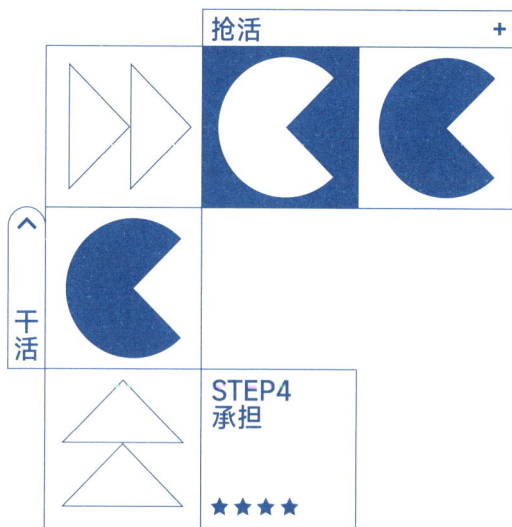

独当一面，成为领导的伙伴

在著名演员和舞者的成长过程中，你会发现有些候补或替身因为主角的突然退出而崭露头角。他们被紧急提拔为主角后，却取得了超出期待的成绩。尽管机遇非常重要，但一个人能把握住机遇，也取决于他平时就不断地磨炼技能，做好了充分的准备。或许有的人早已把主角的台词和动作印在脑海里了。

换成公司职员也是同样的道理。我想很多人都会注意要切实执行领导交代的事情，但是又有几人能够以"我也能完成领导所做的事情"这样的态度来工作呢？

　　STEP ④的主旨就是要让你也变得能够完成领导所能完成的事情，独当一面，让领导离不开你，不懈努力追赶领导。

STEP ④ **33**

收集：给领导提供更多有用的信息
多交流，了解团队动态

为了帮助领导使团队更好地团结起来，我们需要充分了解公司内发生的事情，尤其是要了解员工内心的真实想法和烦恼，以及人际关系上的问题。那么，怎样才能成为消息灵通的人呢？

其实这只是沟通的量和质的问题。在一个月内，大家好好地与别人谈过心吗？我们要有意识地找机会和公司里其他部门或者与自己年龄相差较大的人沟通。

以我为例，我就给自己制定了这样的规则。

- 绝不可以一个人闷着头吃饭，要和自己或其他部门的同事坐在一起吃饭。

- 每月至少有一半以上的时间和公司以外的人在一起

吃饭。

- 避免总是和同一个人、同一个团队的人一起吃饭，尽量每次都和不同的人一起吃饭。

这样一来，每个月你至少可以从 20 多个人那里获取信息。如果总是和同一部门、同一个人，或者志趣相投的人在一起，那么你就很难获取新的信息。你在处理信息上的思考方式也会出现偏差。

为了提高搜集和处理信息的能力，我们需要客观地、多方面地搜集信息，尽量和与自己有不同职业经历以及从事不同工作的人交流。对我而言，这样做除了有利于个人成长以外，还能客观地促进公司内部的协作。当需要举全公司之力进行跨部门合作的时候，因为我平时就很注意相互间的沟通和交流，所以能够非常顺利地协调好各部门的工作。

关于沟通的内容，我认为有三个关键点需要注意。

第一，由于领导和下属、部门和部门、管理层和职员相互间对彼此的工作内容不是很了解，沟通时难免出岔子，这就需要你在中间充当"翻译"的角色。"我认为他的意思是这样的""那个人的想法是这样的"等，你要像这样善意地传达彼此的意图。这是很多人之间以及跨公司之间得以顺畅沟通的重要条件。

第二，从公司享有信息的角度看，不管是好的信息还是坏的信息，我们都要积极共享。但是对于那些毫无根据、完全出于个人兴趣而获得的信息，则没有共享的必要。对于坏的信息，我们需要判断是否会对告诉你信息并对你充满信任的人产生不利的影响，从而决定在共享信息的时候是否需要提及对方的名字。

第三，不要让人觉得"那家伙嘴不严"。我在共享信息的时候，很注意不要出现"领导是怎么知道的""谁说的"这些琐碎信息。还有代同事向领导传达不满和希望的时候，你要把落脚点放在"为了公司的发展和为了全体员工"上面，避免不必要的麻烦。

我们的最高目标是将来成为经营者，因此不仅是自己的部门，乃至于全公司的人都在做什么，都在想什么，都在执着于什么等，对于这些信息我们都需要尽可能地了解。即使不创业，如果你打算继续在体系内工作的话，你也要知道不同部门、不同立场的人的想法。

STEP ④ **34**

承担：主动闪光，勇于承担，为信任加码

不要光顾着完成自己的工作，多一份责任，多一份信任

应尽快记住我们被要求做的事情，并尽快地完成。除此之外，我们要经常把"我还能做些什么""需要我帮忙吗"挂在嘴边。不要被人指出了才去做，要行动起来，自己创造工作。在职场上获得很高评价的人，无一例外都是抱有这种想法和态度工作的聪明人。

以我为例，我在做上一份工作的时候还是个新人，因为把更新网页内容的工作委托给了别的公司，所以领导让我负责管理。可是只要我不提出要求，那家公司几乎不会主动更新内容，我们公司每月还要支付 30 万日元的外包费。

那时候公司网站的访问量很少（比我自己做的网站还少），当然公司网站又不是购物网站，确实不会有太大的访问量。我想其实还不如自己来做。于是我向领导表示："请让我来试一试吧。"

那时候，在商界里流行这样一句话："要创造高于自己工资 5 倍的价值才能独当一面。"我也想在工作中找到自己的价值所在。当时我总是在思索这样的问题："我要给现在的工作增加些什么内容，让刚进入公司的自己也有价值呢？"

结果，自从我承担了维护公司网站的工作后，我不仅为公司省下了每月 30 万日元的网页更新费用，还组织了几场相关培训，公司的销售额也提高了。经费支出的下降，销售额的增长，在此消彼长之间，可以明显看出作为新人的我创造了很大的价值。

现在回想起来，正是因为当时的我就有了为公司和部门做贡献的意识，以及主动帮忙的格局和视野，我才能发现让自己闪光的机会。而当你增强了"职场能见度"后，领导一定能看到并且更加信任你。

相反，如果我是一个精致的利己主义者，或者没有为他人做贡献的意识，那么我也不会发现这样的机会吧。当然，如果只考虑自己的话，工作越少会越轻松，但是为了自己的成长，为了公司和部门的发展，如果你在工作中感到很无聊，就请你想想这个案例吧。

明明公司内部人员就可以做到，却因为懒惰而委托外面的公司来做，这真是一种资源的浪费。另外，在引进新的技术以提高生产效率方面，因为新人没有被公司的旧习气所浸染，所以更容易发现公司所做的无用功和别人因嫌麻烦而不喜欢做的事情。

带头担当责任以创造价值

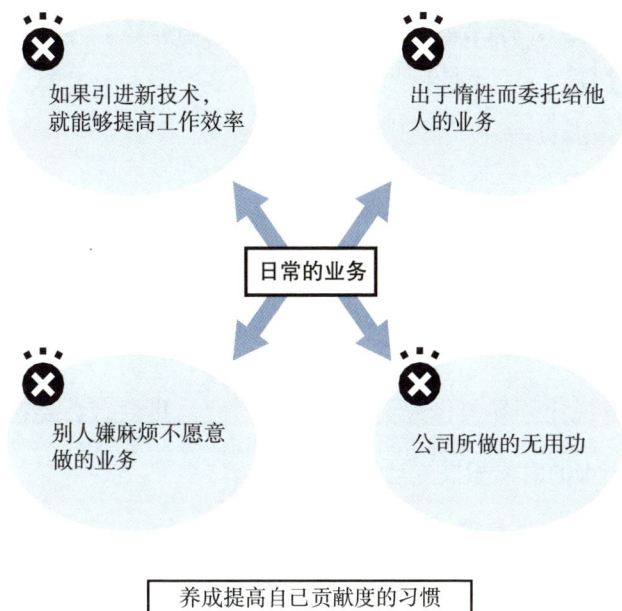

如果引进新技术，就能够提高工作效率

出于惰性而委托给他人的业务

日常的业务

别人嫌麻烦不愿意做的业务

公司所做的无用功

养成提高自己贡献度的习惯

STEP ④ # 35

分担：积极协助领导解决困难，为领导分忧

成为领导最得力的助手

虽说让领导欠你人情有点过分，但是我们有必要在领导遇到困难的时候积极主动地去帮忙。

对于一些看起来很麻烦，但必须做的事情，在领导说出"谁能帮我做"这句话之前，你要率先请命；或者你要敢于挑战谁都不愿意做的工作，替领导承担。能做出这种行为的人，自然会成为领导最得力的助手。

当然，我们能做的事情是有限的，但是一旦做了就会体现出自己的价值。正因为在领导困难的时候下属积极帮助了他，领导才会在下属困难的时候想方设法施以援手。

相反，对于每天连影子都见不到的下属，即便在不重要

的场合，领导也不会想着带上他。

如果你有"为什么我得不到领导的帮助""为什么领导不教我"这样的想法，那就请你回想一下，自己是否满足了领导愿意帮助你的条件。

重要的是，我们要积累让领导觉得"懂感恩"的行为。从"给予与接受"的观念来看，不愿帮助别人的人就是一味索取的人，要知道事情都是先有付出才会有回报的。

可能有的下属觉得领导协助自己获得成绩是天经地义的，或者觉得领导太不公平，太过分了。可是，从领导的角度看，下属并不只有你一个，在有限的时间内领导肯定更想与想做出成绩的下属合作。请务必把握好这一点。

另外，对于领导想要挑战的目标是什么，进展是否顺利等细节问题，下属也要仔细观察。尽管部门和部门之间的工作会有所不同，但是领导所做的工作基本上都是为了提高销售额和生产效率。所以当工作进展不顺利的时候，我们应该和领导站在一处，要明白解决工作进展不顺利的问题不是别人的事，而是自己的分内之事，要积极思考如何解决实际问题。

进一步说，如果你想成为领导不可或缺的伙伴，就请你在领导说出"这个事情由你来办"或者"希望你再多承担一些"等话之前，积极主动地先提出来。

领导不帮忙时你应该反思的事情

❶ 你有没有努力去实现领导的愿望？

❷ 你是否经常进行"汇联相"工作？

❸ 你表现出无论如何也要做出成绩的姿态了吗？

❹ 工作不仅是为了实现自己的目标，你帮助部门和同伴达成目标了吗？

❺ 领导有困难的时候，你积极帮忙了吗？

❻ 对于大家都不愿意干的工作，你会"身先士卒"吗？

对领导而言，下属并不是只有你一个。
根据下属各自状态的不同，领导的态度
自然也会有差异

STEP ④ **36**

机遇：抓住机会，刷新职场存在感
你认为的风险可能是别人成长的机会

如果被领导问及"这个事情能做到吗"，或者"这样做可以吗"，有人就会列出各种做不到的理由，然后回答说"不行"。

当然，有的人不会那么直白地回复领导，通常会以"因为忙""因为没有做过""好像很难"或"与我的职业生涯没有关系"等理由婉言拒绝。但是，如果你想成长，就不要用这种"做不到的思维"来考虑问题，而应该表达"难得您把工作交给我"的谢意，并且想方设法去做到。

如果你能像我说的这样思考，会发生什么奇迹呢？

常言道，"命运不会给你无法克服的考验"。假如现在正在组建新的内阁，但是你并没有收到请你担任财务大臣的任命，这就意味着在执政高层看来，你并不具有担任财务大臣的实力。现实中，政府要职都是由做出过相应成绩或者有雄厚实力的人来担任的。

同样，如果领导对你说"你要不尝试做一下"或者"给我完成这项工作"，那就意味着，在领导看来，以你的实力承担这样的任务应该没有问题。

事实上，到目前为止，我还没有碰到过绝对做不到的难事。当然，我不会对一个销售额还没有达到 1 亿日元的人说"给我做到 100 亿日元"。

在被赋予高目标的时候，最重要的是相信自己的可能性。这种说法听起来好像有点概念化，但这是处理现实问题的一个重要技巧。完全不相信自己有潜力的人，无论做什么都是抓不住机会的。

一般说来，机会在开始的一瞬间往往会被认为是"风险"。我们会觉得工作量增加了就容易犯错，失败了就要承担责任。但之后你就会明白，当你拿下那个课题后，你就会发现，这个风险对应的是你获得高评价和地位的机会。

由于观察的角度不同，机会也会被看作风险。在你看来像风险，也许在别人看来却是个机会。这样的道理只有在你登上更高一层的舞台时才会明白。当然，也许有很多从一开始看起来像是机会的事情，最后反而不是。

面对挑战，我们在判断做还是不做的时候，最重要的是要考虑现在做这件事对未来的自己而言是否有必要，千万不能将其视为"义务"。

顺便说一下，你知道当下属回答"我不做""我不想做"的时候，领导是怎么想的吗？如果我是领导的话，至少我会觉得"太可惜了"。之所以这么说，是因为那个下属如果拒绝了我，就等于默默地把机会让给了别的同事。

也许他本人会认为不做多余的事情没什么不好，但实际上他有可能失去了一个很好的机会，而被自己拒之门外的工作却成了其他愿意接受这份工作的同事的机会。我希望大家能够充分理解这一点。

更确切地说，如果你想成为领导不可或缺的伙伴，甚至超越他们，那么你就有必要在领导交代之前、下达指示之前，甚至在手头还有其他工作之时，就率先开始行动。

STEP ④ # 37

挑战："抢"领导的工作，为领导减负
告别"新人思维"，升级挑战难度

我曾经培养的一位非常有能力的下属对我说过这样一句话："这么说可能有点冒昧，我要尽快把您的工作全部抢走。"

假设他是 A 先生。职场上，很多人都会在意要切实执行领导交代的工作，但也有一些像 A 先生那样的人认为领导能做的事情自己也能做。

如果想让自己能做到领导所做的事情，那就得先做好成为领导的准备。

实际上，A 先生对我所做的每项工作，包括工作方法以及最终结果都有很深入的研究。他在工作中一直思考着如何做才能取代我。并且，当他听说我被委任承担一部分或者一

项工作的时候，就会带着挑战的意味对我说："近藤先生，这项工作可以让我来做吗？这次先让我看看，下次让我来做可以吗？"

说实话，最初听到他对我说"抢走"这个词，我感到很惊讶，甚至有些反感。但是，当我看到他的工作方式和为此所做的准备后，我改变了想法。我把最重要的招聘负责人的工作交给了 A 先生。顺便说一句，那位 A 先生现在已经成为一家公司的董事长了。果然，目的意识强的人每天的行动都很特别。

还有一个人，也是非常优秀的后辈，我权且称他为 B 先生吧。我本打算让 B 先生担任研讨会的讲师，但是又不能贸然把研讨会全部交给他，于是我就让他承担研讨会上 15 分钟左右的主持工作。结果非常完美，他在完全模仿了我做的研讨会方案的基础上，还加入了具有独创性的、高质量的内容。

研讨会结束后，我称赞他"真厉害"。他却告诉我，他很早之前就开始利用坐地铁上下班的时间反复听我在研讨会上的发言了。最终，我把开展研讨会的工作全部交给了 B 先生。很多人都是在被指定为讲师后才开始学习的，而有能力的人却是在机会来临之前就已经做好了充分的准备。他们在被任命之前看起来就已经像个领导了。我经常对新入职的员工说："领导在成为领导者之前就已经成为领导了。"这句话说起来很拗口，却说明了一个道理：在成为领导之前，你必须做好成为领导的准备，等成为领导之后再着手做准备就晚了。

无论在公司里还是在客户面前，大多数新员工都会不自觉地扮演"新人"的角色。但是，如果总把自己当作新人（包括找借口），那你永远都无法走出新人的思维局限。要牢记，你的"基准"不能和自己现在的位置配合，而是要高出这个位置。获得领导的赏识，找到自己的工作定位是很重要的，并且我们要不断积累经验，不仅努力做好现在的工作，还要努力做更高层级的工作。正如前文提到的演员的替身，如果他们没有做好准备，那么又怎么能抓住机会呢？（也许永远都只能做个配角了）

所以，大家首先要做好自己的工作，在此基础上，挑战稍微高一层级的任务。一开始在部分工作上和领导一样能够

处理得当，再逐渐提高自己的能力，最终把领导的工作全部
"抢"过来。为了实现这个目标，我们需要经常思考自己还有
哪些地方做得不够，然后要有针对性地改进。

STEP ④

38

靠谱：出色完成领导交办的任何事情

在领导询问的时候，要清楚工作进度

假如有一件领导和你都参与了却不太紧要的事情，我和大家一样，都会在脑海里闪现诸如"领导会不会突然问起那个事情怎么样了，现在进展到什么程度了"等念头。在这种情况下，很多下属会认为领导将任务分配给了自己，于是在被领导问及进展到什么程度时，有人就会答复"已经做好了"，当然也有人会说"很抱歉，我没有做好"，或者"我忘记了，还什么都没做"。领导对于不同的回答自然会有不同的评价。

对于紧迫性高的事情，当然谁都会立即着手。但对于那些不太重要的小事，我们也不要忘记，应该抓紧处理。因为这样的事情很能显示出一个人对待工作的态度和做事的效率，

处理得好就能得到领导的信赖和高度评价。

没有完成或干脆忘记了的人，恐怕没有好好记录被交代的事情，也不会给自己定任务，就这样让一些机会在日常工作中白白流失掉了。顺便说一下，我会把领导交代的事情全部记下来，并逐一落实。这和前文中提到的要记得将读后感告知领导这一条所说的道理是相通的。

举个例子，在和领导的闲聊中，你听说了一本很有意思的书。过了几日，领导突然问你："前几天我提到的那本书你读了吗？"这个时候，你或是回答"读了，对我帮助很大"，或是回答"我还没买呢"。而这两种不同的回答给领导的印象会完全不同。

另外，还有一点希望年轻人注意，涉及经营方面的工作，一旦领导问及"现在订单是什么情况"时，你要能说出具体的数据。就是说，不看资料就不能回答，这会让领导觉得你在工作上缺乏担当意识和认真的态度。作为一名称职的员工，即使我们不能说出当下准确的数据，也要能说出以周为单位的具体阶段的统计数据。

假如你花重金购买了一只股票，你一定会每天都关注股价的变动情况，同样的道理，我也希望你能如此关注销售数据。

如何处理"非紧急委托的事情"会导致评价不同

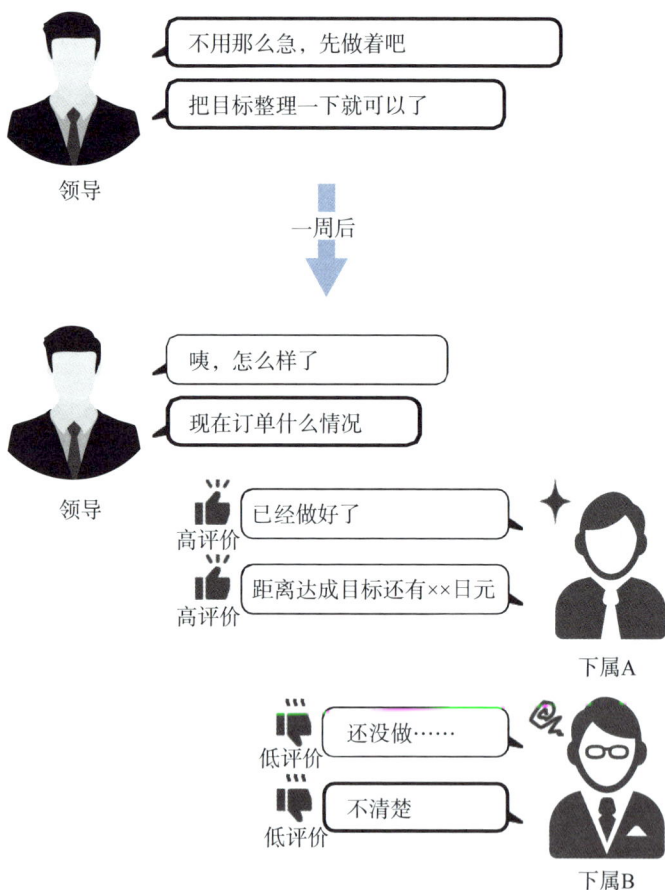

STEP ④ **39**

责任：替领导把好第一关
只要经手，就要负责到底

实际工作中，我们经常会向合作公司下单要求更新公司网页设计或订购某种商品，完成之后再请领导过目。我们也经常会把自己要做的工作交给兼职人员或实习生来做，完成后再提交给领导。

这个时候，有的人会在相关工作结果没有确认和检查的情况下就直接提交给领导。其结果很可能是这样。

下属：这是合作公司做的。

领导：为什么是这种感觉？

下属：对不起，我没看过……

经历过这种情形的人不在少数吧。由于把自己角色的重要性放低了，或者因为专业人士那样说了，所以在检验成果时就没有太上心，流于形式了。可是，如果你的目标是成为领导不可或缺的伙伴，那么在向领导报告之前，一定要仔仔细细地确认上交的信息和质量，或者由合作公司提供相关信息，然后自己再核实一下。做好相关准备工作，在你能给出自己的评价和改善方案之后，再请领导过目。

更进一步说，如果没有自己的想法和意见，你就会像个传声筒一样，不仅领导，与你合作的个人或组织对你的评价也不会太高。

像这样在不做认真检查的情况下，每次把所谓"完成的"东西交给领导看，很可能事后还是要修改，甚至重做的。而这样的结果只会增加你的工作负担，也会导致领导的不满。

总之，我们不能把各个外包公司的方案都原封不动地提交给领导，而是要将自己尝试检查后的意见和改进方案等信息一并提交给领导。你作为下属的作用就是要替领导把好第一关，并且给领导提供尽可能多的信息，让领导很容易快速做出决定。

其实，我在新人时期就意识到了这一点。记得有一次，我拿着资料找领导审核，领导对我说："说说看，你个人是怎么考虑的？"这让我意识到有必要带着自己的分析、见解和想法去见领导。

站在领导的立场上，对于原封不动的、没有经过检视就提交过来的数据资料，领导很难做出判断。如果下属认真检视过，并提交了意见和建议的话，作为领导的我会更容易查漏补缺，进一步完善方案。所以，作为下属，如果能把准备工作做充分的话，你的提案也会更容易通过。

像这样，如果你发挥了主观能动性，领导不仅会看到你的表现，而且会征求你的意见；如果你能提出一些好的建议、好的观点，那么领导会更加赏识你，给你委派更多的任务（也是机会）。在这种意义上，我们有必要时刻提醒自己："不经检查就提交真的可行吗？"

STEP ④

40

价值：超出期待，给领导惊喜
体现自己的附加价值

对于领导的指示，要赋予超出期待的附加值。

关于这一点，我想再从成为领导不可或缺的伙伴这个视角进一步分析。我把伙伴分成了以下几个层次。

- 三流：不被期待的人。
- 二流：无法满足期待的人。
- 一流：创造期待价值的人。
- 超一流：创造超出期待价值的人。

我希望大家在被领导期待完成某项工作的时候，能够用"超出期待，创造更多附加值"的思维来工作。

顺便说一下，在增加附加值的时候，我们要根据自己的立场、能力和所处的环境来实施。虽然因人而异，但基本上都需要从速度、质量和数量这三个维度下功夫。

根据我的经验，最关键的是接到指示后最初所制定的方案。我们要从三个维度来思考如何提高附加值，如果最开始没有意识到这个问题，中途想要变更调整是非常困难的。

对年轻的员工来说，最容易实现的目标应该是速度吧，而想要追求质量需要涉及经验、技能以及他人对你的评价等各种要素。另外，就算自己把质量提高了，但如果速度大幅下降了，那就没有意义了。所以，我认为后两个目标才是质量和数量。在我还是新员工的时候，我强烈地意识到尽快完成领导交代的任务是第一要务。

例如，领导对你说："今天就要把文件做好。"这个时候，领导也是根据我的能力，认为如果我抓紧去做，应该可以在一天内完成任务而提出的要求。而我超出了领导的预期，包括让领导审核在内，一共用了三四个小时就完成了任务。

如果用这种方式工作的话，不仅保证了速度，还有更多的时间去修正。如此一来，自然会得到高质量的评价。

进一步说，如果你的目标是 100，一旦发生了什么意外状况，很可能会达不到 100 的预期目标。因此，在讨论附加值问题之前，为了防止因意外状况影响到预期目标，把目标定到 120 就非常有必要了。

	行动起来	你的答案
33	和五个从未一起吃过饭的同事一起吃饭，并记录新得到的信息	▶▶▶▶▶ ▲▲▲▲▲
34	列举一些自己日常工作之外可以承担的额外工作，并试着计算会有多少利益贡献	▶▶▶▶▶ ▲▲▲▲▲
35	你认为领导目前遇到的困难是什么，又该如何改善	▶▶▶▶▶ ▲▲▲▲▲
36	你过去拒绝过领导的要求吗，你觉得要完成那个任务应该怎样做	▶▶▶▶▶ ▲▲▲▲▲
37	为了成为领导，你现在的不足之处是什么，试想一下如何才能改进呢	▶▶▶▶▶ ▲▲▲▲▲
38	请立即回答还差多少才能达成自己的目标	▶▶▶▶▶ ▲▲▲▲▲
39	提出工作外包后，领导会检查哪些地方呢	▶▶▶▶▶ ▲▲▲▲▲
40	尝试思考如何才能提高完成日常业务的效率	▶▶▶▶▶ ▲▲▲▲▲

STEP④

『成为领导不可或缺的伙伴』的行动

结合自身情况，试着思考33~40的内容。对于不能回答的问题，请向领导求教

【专栏】 人生的转折点④创业

对我而言，一旦找到了未来的目标，虽然不会勉强自己，但也会采取非常拼命的，甚至是莽撞的工作方式去实现。尽管如此，我还是获得了回报。当时我想进入一家在公司排行榜上名列前茅的公司，这家公司每年招募的员工就达 2 万人之多。因为我想成为高级的专业人士，所以我选择了进入这家公司。27 岁时，公司资助我出版了《一本求职书：实现自己的生活方式》。

当时，有很多优秀的人来应聘，因为公司想招聘应届毕业生，让这些人大刀阔斧地推动组织变革，所以我有幸进入公司，有机会成为最棒的自己。

那个时候，我感到再经过 10 年就可以完成上高中时树立的"超越"的目标了（也就是创造自我价值的目标）。但毕竟个人的生命是有限的，唯有组织、公司和家庭才能够传递生命的接力棒，才能将意志、思想和文化传递下去。如此想来，我们必须改变活着的方式，超越个人，将"超越"作为我们的目标，让更多的人去创造价值。

抱着这样的初心，我在 32 岁那年辞职离开了公司，开始创业。可我并没有很快创立公司，而是在一年半的时间里以自由职业者的身份参加了各种各样的活动，结识了很多朋友，也结了婚，之后才创立了 Legaseed 公司，迎来了我人生的重要转折。

Legaseed 公司可以说集合了我半生的经验和价值观，以及我对未来的思考。我的目标是要把公司建设成一个永远充满来自职员、家人、客户和社会的爱的公司，一个大家从内心感到在这里工作是最棒的、最幸福的公司。（完）

我经常对新入职的员工说："领导在成为领导者之前就已经成为领导了。"这句话说起来很拗口，却说明了一个道理：在成为领导之前，你必须做好成为领导的准备，等成为领导之后再着手做准备就晚了。

STEP 5　共赢

向上管理不是一场你与领导之间的攻防战，
而是实现你与领导共同提升的新路径。
相互成就，实现超越。
这是向上管理闯关游戏的终点。

难度级：★ ★ ★ ★ ★
能力值：★ ★ ★ ★ ★
战斗力：★ ★ ★ ★ ★

适用人群：工作10年　☺
职场级别：钻石级　▼▼▼

恭喜你！你已成功通关

🚀 YOU WIN!

成长进度条：　　　　　100%

关键技能：突破和进化　　思维转变：追赶→超越

超越　　+

STEP5
共赢
★ ★ ★ ★ ★

追赶　　　　　　　＞

STEP ⑤

第五步

互相成就，成为领导那样的人

农民出身的丰臣秀吉为了寻找自己要辅佐的主公，周游列国。他没有选择骏河·远江的大名今川义元，而是最终选择了实力相对弱小又很年轻的织田信长。丰臣秀吉从一个穿草鞋的布衣，通过一步一步地奋斗，在自己的职位上做出了超出织田信长期待的贡献，最终取得了巨大的成就。

虽然我对历史不是很了解，但我想伴随着丰臣秀吉在"织田家臣团"中的地位越来越高，他一定会和其他家臣一样继承织田信长的雄图大志，在统一天下的征程上身先士卒。若非如此，丰臣秀吉也不会在织田信长因本能寺之变身死后成为继任者，更不会开创超越主公织田信长的功业。

把这个故事用到公司职员身上，如果你想升职加薪、独立自主，或者掌管部门的话，从积极的意义上说，你就必须超越你的领导，抱着感恩之心和超越的心态推动所有工作。

STEP ⑤ # 41

决策：增加自己的话语权
让领导放心把工作交给你

如之前说过的那样，我认为一点一点地增加自己的决策权是工作的关键，也是职场人最大的乐趣所在。

在请领导检查和确认工作的时候，下属一开始大多会有"为什么要一一检查确认啊"，或者"到这个时候了还说些无关紧要的话，真是麻烦"等想法。但之后，领导会越来越喜欢对你说"已经交给你了""关于这个，按照自己的想法做就可以了"。因为你的自由度上升了，工作变得松弛了，你也就更能感受到工作的价值了。

领导说"交给你了""你看着办"之类的话并不是因为他不感兴趣或者嫌麻烦，而是因为他意识到你比他想得深，考虑得周全，所以才会这么说。

相反，如果领导要一件一件地检查和确认，那就意味着领导觉得你一个人还难以胜任这项工作。由是观之，如果我们想更上一层楼，登上更大的舞台，还是要先获得领导的认可才好。

因为有领导的肯定，即使稍微出点小差错也不影响全局。但是如果你一直提交不完整的东西给领导，那领导就不会对你说"交给你了，你看着办"之类的话了。

业务流程增加了，效率就会变得非常低。如果自己就能"拍板"的话，工作就能更顺利地进行，这样一来，效率自然就会提高。所以，作为下属，我们应该让自己尽快进入这样的工作状态。

顺便说一下，如果我把一项工作完全交付给下属，通常都是基于这项工作下属已经至少做过或者沟通过两三次了，中间也没有出现过什么差错而做出的决定。这一点需要大家注意。

如前文说过的，要想获得决策权，提高"报联相"工作的质量非常重要。因为这是展示你"成长进度条"的最好方式。

另外，向领导汇报时，为了让对方明白你对于产量和价值的想法，你应该养成将自己的思考过程也做成报告一并提交给领导的习惯。

你可以这样对领导说："关于这个项目，之前科长也说过这样的话，据此，我也进行了一些思考，想着是不是可以这样做，于是就试着做了一个方案，可以向您汇报一下吗？"如果你能提出这样一个提案，领导应该会很高兴。

另外，能够提出这样一个提案，说明你的标准和领导的标准是一致的。在实现目标和愿景上，领导会对你更加信任，会把你视为不可或缺的伙伴。

为了调和你与领导之间有关目标的基准以符合领导对你的期待，我们还需要注意一点，那就是为了发挥期待的作用，我们需要将目标具体化和量化。就是说，我们要先明确什么时候该做什么、做到什么程度才算成功的基准。

为了更好地扮演我们的角色，发挥应有的作用，我们要不间断地和领导确认相关的细节。例如，在一项管理业务中，如果你的任务是培养某个新人，那你就要明确培养的目标，能够客观判断把新人培养到什么时候、什么程度才算达成目标。如果没有搞清楚这些问题，你就容易出现偏差，最后的结果很可能是你与新人之间产生矛盾和分歧。

STEP ⑤ **42**

进阶：以领导的目标为目标
找出差距才能缩小差距

在工作中，个人的目标通常由公司来确定。例如，规定营业员的营业额达到 ×× 日元。作为职员，我们首先要完成公司规定的目标。我们还要理解，领导的目标不是个人的目标，而是整个团队的目标。明确了领导的目标，就要把它作为自己的目标，并为达成目标而做出贡献。

当然，所谓的目标不会仅是一个数字而已。记得还是年轻职员的时候，我会定期询问领导现在的目标是什么，要达到什么样的状态。例如，从领导那里了解到管理层希望我现在致力于这方面的工作，或者希望我加入新团队后能够独当一面等新的状况。

因为自己接下来的目标职位基本上就是现在领导的职位，所以了解了领导的目标后，如果自己能够实现的话，将来接替那个位置也就变得容易了。实际上，因为我一直都在为能够站在更高的职位上看得更远这个目标而努力着，所以晋升职务的时候，我没有感到一丝不知所措。

需要再一次强调的是，在进行目标确认的时候，既要确认领导（组织）的目标进展情况，也要确认自己所期待的角色是否发生了变化，同时还要询问一下领导个人的目标。

这样一来，你对领导的看法会随之改变，自己也更容易掌握与此相关的信息。只有把好的信息传递给对方，支持对方想要实现的未来，组织才会变得非常强大，你与领导的关系也不再是单纯的上下级关系，而是紧密的伙伴关系。

如果能够充分理解这些，你就能明白领导的为难之处。另外，在你提出策划方案时，因为其内容与部门、领导的目标相关联，所以策划方案也会很容易通过并获得支持。

在我的公司，为了促进个人的自我实现，我把全体员工的梦想和价值观完全整合和共享起来。公司会将职业规划表分成七大类，它们分别是工作、学习、报酬·储蓄、人际关系、家庭、健康·体力、兴趣·娱乐，然后按照相隔10岁的年龄段来进行统计。以下是我的职业规划，仅供大家参考。

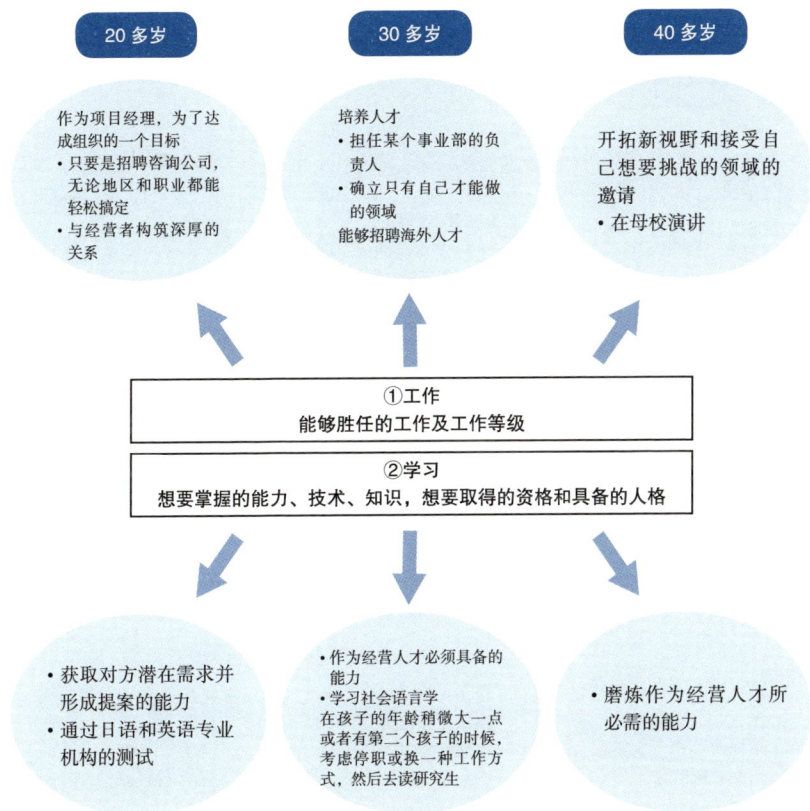

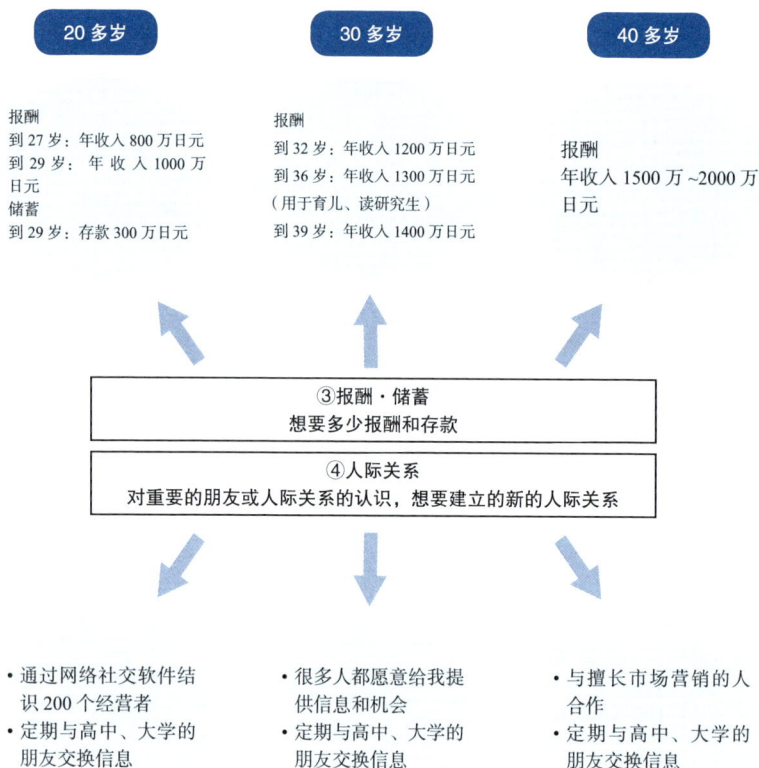

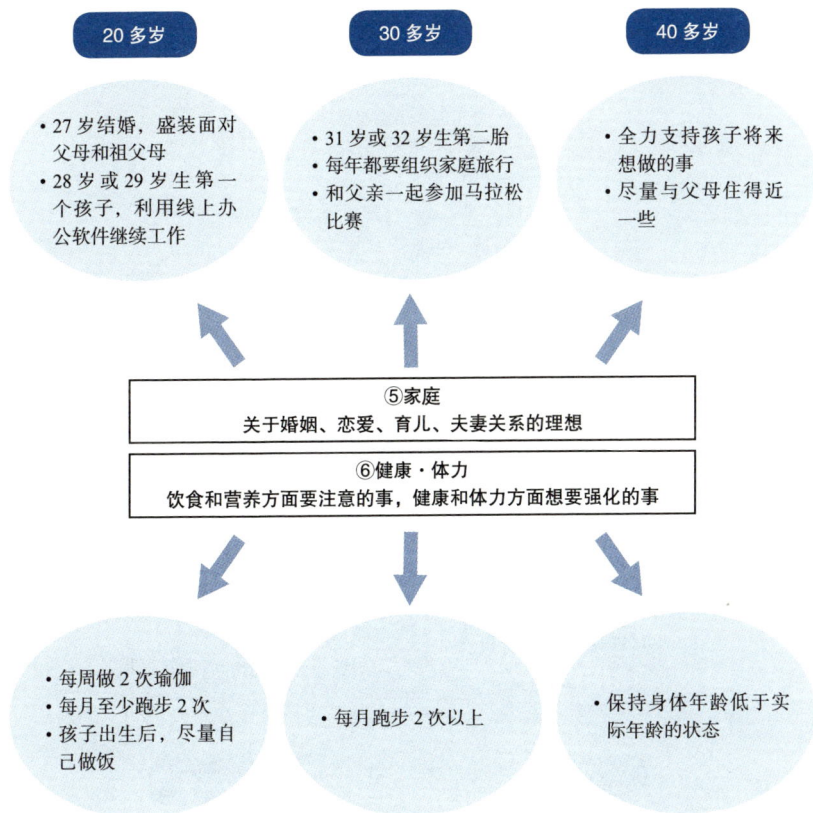

20 多岁

- 27 岁结婚，盛装面对父母和祖父母
- 28 岁或 29 岁生第一个孩子，利用线上办公软件继续工作

30 多岁

- 31 岁或 32 岁生第二胎
- 每年都要组织家庭旅行
- 和父亲一起参加马拉松比赛

40 多岁

- 全力支持孩子将来想做的事
- 尽量与父母住得近一些

⑤家庭
关于婚姻、恋爱、育儿、夫妻关系的理想

⑥健康·体力
饮食和营养方面要注意的事，健康和体力方面想要强化的事

- 每周做 2 次瑜伽
- 每月至少跑步 2 次
- 孩子出生后，尽量自己做饭

- 每月跑步 2 次以上

- 保持身体年龄低于实际年龄的状态

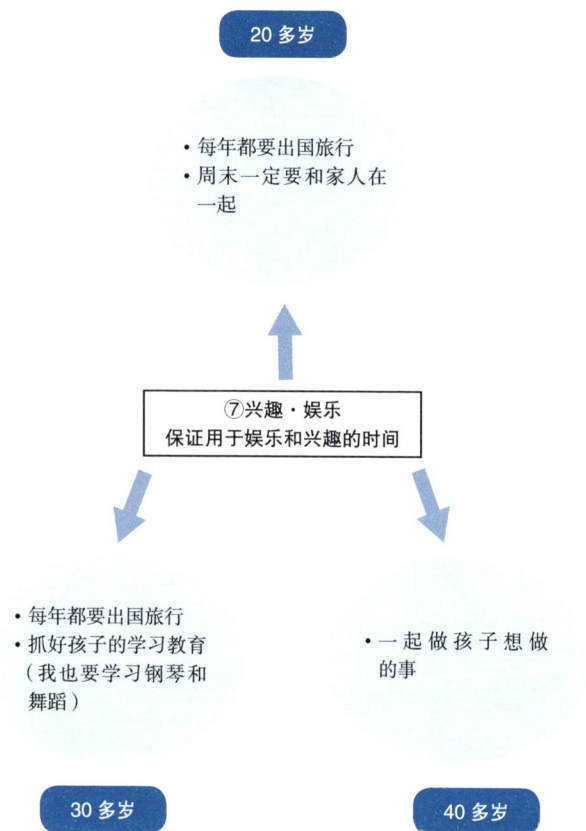

STEP ⑤ **43**

进化：突破自我，成为更好的自己
"躺平"会剥夺成长的机会

"做自己""活出自我"，这些话听起来都很带劲。

我想，大家每每听到"要活出自我呀"这句话的瞬间，心情一定都会很好。我以前也经常这么说，但我现在却开始反思，我们要谨慎使用这样的表达方式。

我并不是要否定"活出自我"，但"活出自我"有时却意味着天真和逃避，它会剥夺我们成长的机会。

例如，在中学时代，特别讨厌学习的人会否定学校教育，以追求所谓的自我为借口，只顾玩乐，把学业完全给荒废了。可是，到了要工作的时候，即便发现了自己心仪的工作，或者特别想进的公司，但是由于自己的能力不够，根本无法通过资格考试。这个时候他会非常后悔："要是努力学习就好了。"

另外，一个英语不好的人如果想在跨国公司中做出成绩，就算他找了"因为我是日本人，我只说日语"，或者"因为我的英语不好，所以全部都要翻译"之类的借口，恐怕也是行不通的。

也就是说，当你意识到要成为更好的自己时，即使很麻烦，即使很辛苦，也有必要去矫正自己。

那么，什么叫矫正？举个例子，想象一下牙齿矫正就容易理解了。从某种意义上说，矫正牙齿是一种否定自我的行为。但是，如果这种矫正会让你拥有更好的自己，更健康漂亮的牙齿（如果你想要的话），那还是矫正一下比较好吧。

矫正牙齿会产生带着矫正器具的压力，也有容易残留食物所以要频繁清理口腔的烦恼——总之会有很多麻烦事。但是，如果你能坚持两年的时间，就会拥有理想的牙齿，你会怎样选择？

除此之外，还有将左手拿筷子改成右手拿筷子，或者因为想成为播音员而改变说话和发音的方式，将棒球的击球方式从右击改为左击，等等。无论你想达成什么目标，你都必须花时间去不断地努力。能够改变自己的人才是了不起的人。

实际上，领导对能够朝着理想的自己进行自我变革的下属会给予更高的评价。相反，以坚持自我为挡箭牌，无法进行自我变革的人，是不符合领导的要求的，至少是不符合我的要求的。

因为这样的人会一直为同一个问题而苦恼，无论时间如何流逝，环境如何改变，他所面临的没能解决或处理的问题会一直存在，而且会比之前的更大、更棘手。

经常有人说"人是不会改变的""人的价值观不会有太大改变"。但是，我在前文中也说过，愿望或价值观的优先顺序是会变化的。优先顺序的改变也意味着价值观的某种改变。如果改变了之前的优先顺序，如开始学习英语了，改变说话的方式和音调了等，那么整个人也会随之发生改变。

这么想的话，实现自我也许就意味着要朝着理想不断改变自己。正因如此，我自己总是保持着为理想改变自己的意志和勇气，不断地追问"我的极限在哪里"，不断挑战和进化自我。

STEP ⑤

44

评价：制作自己的成绩单，评估自我价值
自我评价应对标"理想的自己"

工作中，对于委派给你的任务，你应该以自己实际能做到的最高水平为目标去尽力而为，这是非常重要的。也就是说，我们并不是为了从领导、客户等他人那里获得评价，而是与自己做比较，在心里要有一个成绩单。

工作能力强的人通常对标自己的最高水平，如果觉得目前完成的工作达不到这个水平的话，他会做出调整：或是自我改善，或是找领导和客户确认和协商。相反，工作能力差的人，他们并没有给自己设定一个到底能做到什么程度的难度标准，或者设定的能力门槛很低，结果往往会被领导批评工作做得不好。如果你有这样的情况，那么你应该好好反省

一下。

工作能力强的人对自我成绩的评价很严格，即便得到领导和客户的表扬，自己也不是很满意，甚至会觉得："很感谢大家的肯定，但是做到这种程度真的值得表扬吗？"这就像一名优秀的职业棒球选手，即便打出了本垒打，但还是会摇摇头，露出不满的表情。或者像陶瓷艺术家，他们对自己的作品感到不满意的话，会打碎重来。这些例子都说明优秀的人对自己的要求是很严格的。在这些人的心中存在一个专业的最高标准，绝对不容许自我欺骗。反观工作能力差的人，他们满足于自己的行动和成绩，甚至喜欢自我欺骗。

说起这个成绩单，在我还做着上一份工作的时候，我每年都会给自己做个成绩单，然后交给领导过目。成绩单上会列出几条纯粹是自己想做的工作，然后是为公司贡献的收益金额明细。例如，我会列出我要达到的销售额，在外包业务上缩减的经费，以及自己日常工作之外接洽的业务所能创造的额外收益。

为什么我要制作成绩单呢？那是因为领导曾对我说过请好好地将自己的工作换算成价值。如果领导没有这样的价值观，也不会给我提这样的意见。

另外，除了日常业务之外，我还做了很多额外工作。作为新人，为了能够创造五倍工资的贡献，我只好练习用"两只手弹钢琴"。顺便说一下，"五倍工资"就是前文所说的一个观点：在商界中，如果你创造了自己工资五倍的价值，就可以崭露头角。

话虽如此，但我的成绩单上并没有列出自己想要多少工资。制作成绩单的根本目的，与其说是为了给领导看，不如说是为了展示和确认自己所创造的价值。

STEP ⑤
45

格局：用"领导思维"掌控全局
带动团队，获得更多业绩

在前文中我提到过与伙伴一起分享成果的话题。就是说，自己达成目标时，并不是就此结束了，还要帮助陷入苦战的伙伴。如果伙伴的目标（团队任务）没有完成，那就去帮忙承担。这种态度和行为不仅对公司是至关重要的，而且也会让自己受益，因为当你遇到困难的时候，伙伴也会帮助你。

这里，我还想从更高的视角讨论一下如何提交一份让全员都能出业绩的提案，也就是将自己的职位提高 1~2 级，思考自己如果是直属领导该如何改善这种状况。

例如，比较简单的解决问题的办法就是组织研学会。这种研学会可以是官方（公司、部门）举办的，也可以是志同道合的人自主开展的。这里所说的"研学会"与"学习会"的不同之处在于，在研学会上要由我们自己当讲师，并表现出积极引导伙伴的姿态。

要想比他人多出成果，关键在于你应该积累能够出成果的知识。为此，你需要有一种共享的精神，来带动团队一起获得更多的成果。

以前由我组织举办的研学会主题有"时间管理""日程规划""与客户应酬的方法""咨询公司的成功案例""容易通过的策划书、提案书的写法"等。社会上也有一些人不愿意和别人分享自己的经验和知识，觉得一旦公开了，自己就会有损失。其实恰恰相反，我们积累经验和知识不能只想着自己，将自己的成功经验公式化、公开化，与其说是为了别人，不如说是为了自己。因为，要将无意识的行为语言化，为了能够再现而去分析和整理，使之程式化，这个过程本身就是对自身能力的一次深化和提升，也是将来培养下属的好工具。

另外，将自己的经验公式化、公开化，让周围的人受益的同时也会获得他们的感激，获得公司的高度评价。而且，在经过很多人的关注和测试后，公式也会得到进一步完善。

记得 NHK 播放过一个关于人类祖先的纪录片。片子记录了人类的祖先智人有一个竞争对手叫尼安德特人。尼安德特人在脑容量和能力方面似乎都比智人优秀，但是他们却先灭绝了。究其原因，一种普遍的说法是：与智人的集体生活不同，尼安德特人主要以家庭为单位生活。因为这样的生活方式导致他们无法广泛地和同伴们分享积累的捕猎技巧和生活经验，结果大家无法共同进步，被淘汰是必然的结局。

因此，为了整体的进步和发展，我们有必要和同伴分享自己的知识和技巧，由此带来的好处最终也会回馈自己。

再让我们回到学习会的话题。讲师不仅可以自己担任，也可以由领导、前辈，甚至是公司之外的人才担任，这样从学习会上学到的经验和知识也可以成为全员的财富。并且，自由参会还能带来其他好处，那就是在公司内部建立起非正式的资源网络，这会使我们的工作比以前进展得更加顺利。

在日常工作中，如果你总以小格局来思考，或者只考虑自己的得失，那么请你立即做出改变，积极思考怎样做才能让部门和公司的所有人都受益，并向着更大的、惠及更多人的方向行动。这也是你成为领导型人才的价值所在。

STEP ⑤ 46

就位：机会留给有准备的人

成为领导心中的"接班人"

当我担任学习会的讲师时，我会在讲座开始的一个小时后对大家说这样的话："假设我注定会在 5 分钟后死去，我就死在这里，这是我要接受的命运。但是作为经营者，我必须在剩下的一点时间里做出一个决定，就是我所拥有的财产和公司股票要转让给谁。而就在说话间，时间飞快地流逝。那就转让给在场的某一位参加者吧。在做出决定的同时，我也要思考如何转让的问题。"

请你务必试着考虑一下，我们是用猜拳的方式决定还是抽签的方式决定呢？当然，我不会那么做，假设还有 1 周或 10 天的考虑时间，我会找个别人面谈，给他布置一项课题任务，看看他的能力如何。但现在时间很紧，离时限不过数分钟，这个方法行不通。那么我该如何抉择呢？我的回答是这样的："其实我已经决定了。我的选择就在这1个小时内，我选择的是在场听讲态度认真、与我有共鸣，以及表现出强烈学习欲望的人。如果能和每个人面谈，也许我会有别的选择，但是在这个时间点上，我只能如此决定。"

在这个世界上，很多事情都是这样被决定的。即便机会出现在你眼前，也被送给了别人。这个时候，就算你拼命地做报告，拼命地表现，也为时已晚。所以，在机会出现之前，你就要在平时做好准备，以这样的态度生活，你才会改变人生。

实际上，在工作中，当我们讨论让谁加入项目的时候，并不是让大家试着做做看再决定，除非是一些特别的项目，通常情况下，我们会很快确定名单，因为平日里我们对大家的能力和特长都很了解。

不容置疑的是，每个人都想抓住机会，但机会并不会平等地落到每个人身上，它只会落到该落的人身上。那么，机会究竟应该落到什么样的人身上呢？答案就是"被选择的人"。也就是说，从一开始，被选择的人在平日里的生活方式、工作方式、态度及为人处世等就都符合"把任务交给他"的标准。由于周围的人都是一边感受一边生活的，所以当他们突然想到什么的时候，才从过去积累的信息中发现和感叹领导竟然把任务交给了那个家伙！

因为我在一开始就讲了这个故事，我发现与会者的态度和坐姿都发生了很大变化（笑）。对于我讲的这个故事你又做何感想呢？

STEP ⑤ **47**

突破：工作标准要超过领导的要求
跳出圈层，向各领域的精英学习

完成了领导交办的任务之后，接下来我们应该考虑将自己工作的标准制定得高于领导的要求。

完成工作，你自然很开心，也很享受工作给你带来的快乐。但你不能安于领导的标准，而要以更高的标准要求自己。

你的领导是走在你前面的人，也是你学习的对象。但是在这个世界上，还有很多人会站在更高的角度看待事物，会更加严格地约束自己。我们要跳出圈层，把这些人的标准作为自己的标准，然后去积极行动。

无论是体育竞技还是其他领域，如果能成为其中的佼佼者，无论是谁都不会满足于现状，都会朝着这个目标努力。

其实在很多领域，急于成长，想获得更大进步的人都会面临这种状况：即便对自己的表现感到不满，但作为优秀者还是会被周围的人夸赞"太厉害了，真是个天才"。或者自己并没有使出全力就战胜了周围的人，但自己明白由于马虎还是出现了很多失误。总之，让你感到难受的是，并没有人能够和你在同一个层级上理解你的苦恼。

寻求别人能够理解自己的想法和烦恼，并帮助自己解决问题是人之常情。如果现在的你正处于这样的阶段，建议你积极走出公司的小圈子，向其他领域优秀的人求教，如有可能还可以直接和他们见个面，收集相关的信息，最好能够让他们融入你的愿景。

在此基础上，你要对他们的思维方式、价值观、信息源以及行动模式等进行深入分析和研究，把曾经对领导做的事，灵活运用到这些人身上。还记得前文中提到的运动员武井壮的故事吗？武井壮正是通过与优秀的选手一起训练和生活，深入研究他们的训练方法、生活方式以及饮食习惯等，才终于如愿以偿地拿得了冠军。我们也要像武井壮先生那样，如果可以的话，最好直接去见面交流，提出问题。退一步讲，哪怕是从这本书中读来的，只要运用得当，也能学到很好用的技巧。

举一个我自己的例子。我在读一本书的时候，如果有和我相关的内容，我就会画上横线，然后写上自己可以借鉴的内容。不仅如此，为了能够真正掌握，我还会把理解之后的内容讲给别人听，或者亲自去实践。

或许你会觉得这是理所当然的事情，但是真正能够在读书的时候有意识地画线，或者写下感想，又能够一一执行的人却少之又少。

另外，关于书的种类，我推荐大家选择那种作者本人能够清楚又坦诚地讲述自己如何试错和探求解决方法过程的书，而不是大谈特谈自己如何成功的书。只有读这种书，我们才能够追踪并感知他的语言、思维和行动过程，并由此让我们受到启发。

STEP⑤

48

内化：用"元认知"思维管理自己

你才是自己的领导

到目前为止，本书已经说了很多有关领导的话题。但归根到底，每个人都不想被他人管理。

一般来说，即便被别人告知"应该这样做、那样做"，大家还是不太想行动。我想，除了个人的自尊和自由意志之外，还有一个重要的原因是大家内心想着要超越领导，这一点在组织系统中表现得最为明显。对大家而言，最理想的状态是能够按照自己的想法做事，自己管理自己，最好是能够自己评价自己，而不是由他人评价自己。

这样一想，你就会明白"真正的领导是自己"这句话的意思了。那么，怎样做才能成为自己的领导呢？

一是要善于运用"元认知"思维。我理解的"元认知"就是自己能够客观地认识自己。例如，作为销售，你在同客户交流时，一边紧张得满头大汗，一边硬着头皮讲话。而心中的另一个自己冷静地看着自己窘迫的样子说"哎呀，太紧张了"，或者说"紧张还说得那么多，应该多询问客户，听听他们的想法"。这些"内心戏"就是对自己的"元认知"。

以我为例，在"元认知"的基础上，我还会使用预先整理好的几个视角来进行自我检查。我把其中的三个视角介绍给大家。

第一个视角是如果命运看到这种情况它会怎么想。例如，遇到不顺利的事时，请这样想："命运会对我说什么，会让我注意什么？"如果你是销售员的话，就想："世界顶级销售员会如何解决呢？"类似的，如果有崇拜和景仰的人，你可以试想："要是 ×× 前辈的话，他会怎样说呢？"

第二个视角是以客户和希望我幸福的人的视角来看自己，站在这些人的立场和情感上考虑问题。例如，"你对我有什么期待"或者"你希望我如何做"等。

人们常说"命运不会给你无法克服的考验"，所以乍一看很难的课题，在别人看来也会认为"近藤能够完成，委托他来做没有问题"。基于这样的视角，我也会充分信任他们的想法。

第三个视角是从已经有所成就的未来的自己的视角来看现在的自己。这里我们将时间轴稍微延长，思考由实现了理想的未来的自己来看，此时此刻的自己应该做什么。

从未来的自己来看，如果我们打算采取行动、重新修正，最好的时间节点无疑就是你正在思考的当下（今天）。能这样想问题非常重要。

不管怎样，根据这些视角，我可以明确自己的行动是否朝着希望的方向进行，或者是否有效。

我认为，生活中过于在意他人的评价，就会降低自己的能力。所以，无论好坏，最大的评价者还应该是自己。确认自己在某个时间节点上是否达到了理想中的最好状态，这一点是非常重要的。

STEP ⑤

49

传承：站在巨人的肩膀上前行
怀着尊敬和感谢之情

　　这是我在本书中想说的最后一点。我们在成长的过程中会成为领导不可或缺的伙伴，甚至会超越领导。但请大家千万不要误解的是：正因为有了领导和前辈，才会有现在的你，而绝不仅仅是因为自己的实力和努力你才拥有现在的职位。

　　发现万有引力定律的牛顿在被众人称赞时说："我比别人看得远，只不过是因为我站在了巨人（前辈科学家积累的知识）的肩膀上。"

　　正如本书所提到的，你既是由父母养育长大的，也是在由公司、领导和前辈打下的基础和积累的知识上成长起来的。纵使你天赋异禀、才华横溢，也绝不可能凭借一己之力成为商界精英，而是以前辈为路标，努力前行。

以我为例，在我还是新人的时候，我就意识到无论在公司内部还是外部，要想获得很高的评价，首先必须成为咨询师或指导者。在思考怎样做才能成为咨询师或指导者的问题上，我决定要付出超过这个行业中最优秀的人所付出的努力。

当时，公司里创造最大价值的人是领导，所以我需要首先了解领导一年之中大概需要花费多少时间来做咨询和指导工作。通过和领导的秘书沟通，我借来了领导一年的日程表，并试着计算了一下，弄清楚了领导每年大概有几百个小时在做咨询和指导。像领导这样本身经验和能力都出类拔萃的人，每年都还要花费数百个小时来磨炼自己，那么对于现在准备从零开始学习的我而言，就要比领导更努力才行。如果不这样做，就永远追不上，甚至会越落越远。这就像马拉松比赛，要想追上跑在前面的人，你就必须比对手跑得更快才行。

可是，对于当时只有 20 岁出头的我而言，即使想积累经验，也不能像领导那样给经营者和管理者提供咨询。如果不能得到经验和历练，究竟应该怎么做呢？用什么来弥补呢？带着这样的想法，我反复观摩，深入研究领导和其他讲师的研讨会内容以及谈话技巧，又尝试组织学习会，等等。总之，所有能想到的努力我都做了。现在回想起来，不正是因为那样不断地积累，才追上了那个起初看起来又小又遥远的背影吗？

可是，这样的努力也只是最低限度的。无论是谁，如果领导不给你机会，你再有能力也无法向周围人展示。因此，我们不仅绝对不能忘记对他人的感谢，而且要坦率而真诚地向对你有栽培之恩的领导表达感恩之情。我认为这是非常重要的。也许，曾经和领导打交道很辛苦，也遭受过严格的考验和严苛的对待。可是正因为有了这些经历，才有了现在的自己。这种磨炼对尚年轻又不成熟的自己而言无疑是一份难得的礼物。

即使有一天你能做到和领导一样的位置，你也要怀着敬意和感谢之情，并把这份心意和情感传达给未来的领导们。也就是说，我们要将感恩之心传承下去。

STEP ⑤

「超越领导」的行动

结合自身情况，试着思考 41～49 的内容。对于不能回答的问题，请向领导求教

	行动起来		你的答案
41	列举领导正在承担的工作，试问自己何时也能做到	▶▶▶▶▶	
42	询问领导想要实现的目标，并尝试提出自己能做出的贡献	▶▶▶▶	
43	工作上，你觉得自己在哪些方面需要改进，从今天开始考虑相应的办法	▶▶▶▶	
44	写出自己完成的工作，并计算如果外包出去的价值，试着认识一下市场价值	▶▶▶▶	
45	思考自己在哪项工作上发挥了主人翁精神，试着整理一下大家都掌握的专业技能	▶▶▶▶	
46	为了成为领导的"接班人"，试列举从今天开始应该解决的问题	▶▶▶▶▶	
47	在你所从事的领域中，你尊敬的人和优秀的人都是谁？试着阅读他们的书，学习他们的方法	▶▶▶▶	
48	想象一下理想的自己是什么样子，并据此给现在的自己打个分，思考为了接近100分还需要做些什么	▶▶▶▶	
49	如果要向下属分享工作中的学习心得和经验，你会分享什么内容	▶▶▶▶▶	

我并不是要否定"活出自我"，但"活出
自我"有时却意味着天真和逃避，它会剥夺我
们成长的机会。

也许有人会觉得让领导过目，要是领导指出很多问题的话，会很麻烦，不如自己做就好了。如果持这样的态度，结果就是自己给自己"挖坑"。

结语

　　感谢大家阅读本书。最后，我想给即将成为优秀领导者的诸位送上一些鼓励的话。我希望大家不要独享学到的知识和获得的经验，而要把它们传递给下一代人，这是送给曾栽培过你的领导最好的谢礼。

　　在这个世界上，"不想超越自己"的大有人在。但我认为，只有培养出更多"想要超越自己"的年轻人才是自我价值的最好体现。大家可以思考一下人类的发展过程和历史的连续性问题。如果用棒球明星的一生来比喻，他们从孩提时就开始憧憬成为一名棒球明星，然后通过选拔加入了职业棒球队，在普通队里显露头角后，升入特训队成为主力球员，进而成为核心球员，退役后又成为球队教练，培养年轻球员，或者退役后一边忙着在节目里解说棒球比赛，一边忙着开设棒球培训班，培养未来的职业棒球人才，这就是他们的职业生涯。

实际上，他们的职业生涯与商务人士的并没有什么不同。大家可以试想一下，假如自己是职业棒球运动员，那现在的你处在哪个阶段。在此基础上，我希望大家能够意识到，如果我们能够用好前人积累的资源，那就应该将这些资源也传给年轻的后辈，乃至于下一代的孩子们。

这就像活跃在美国职业棒球大联盟的大谷翔平，作为一名偶像，他的最大贡献就在于不断激励着所有立志要像他一样优秀的棒球运动员（从职业球员到小学生），这将有助于推动棒球运动的发展。

作为一名商业人士，你在年轻后辈的心中就是他们所崇拜的对象。不仅如此，身处大周期之中，我希望大家始终不要忘记为自己所属的公司、为整个社会的发展做出应有的贡献。

从某种意义上讲，我们不是"活着"，而是"被活着"。我认为，听到成长中的年轻人说"多亏了您才有我的今天"是人生中最大的快乐。诸位，即便你没有直接帮助过别人或向别人建言，也请继续守护后辈，祝福他们在事业上大展宏图。

当然，在这方面我也做得不够。今后，在不断挑战新课题的同时，我要继续培养更多能够超越自己的年轻人。

版权声明